예수님의 위대한 생애
가이드북

책 소개

많은 사람들은 성탄절에 카드를 주고받거나
케이크를 준비해 파티를 즐기는 기념일 정도로 보내곤 합니다.
이 책은 이러한 세대에게 예수님의 생애와 가르침을 전달하고 있습니다.
책 제작에는 김인철 목사와 이준천 작가가 함께 하였습니다.

예수님의 시대를 바로 보고 성탄절이 '예수님의 탄생과 하나님의 사랑에
감사하는 마음으로 예배하는 날'이라는 의미로 바로잡을 수 있기를 바랍니다.

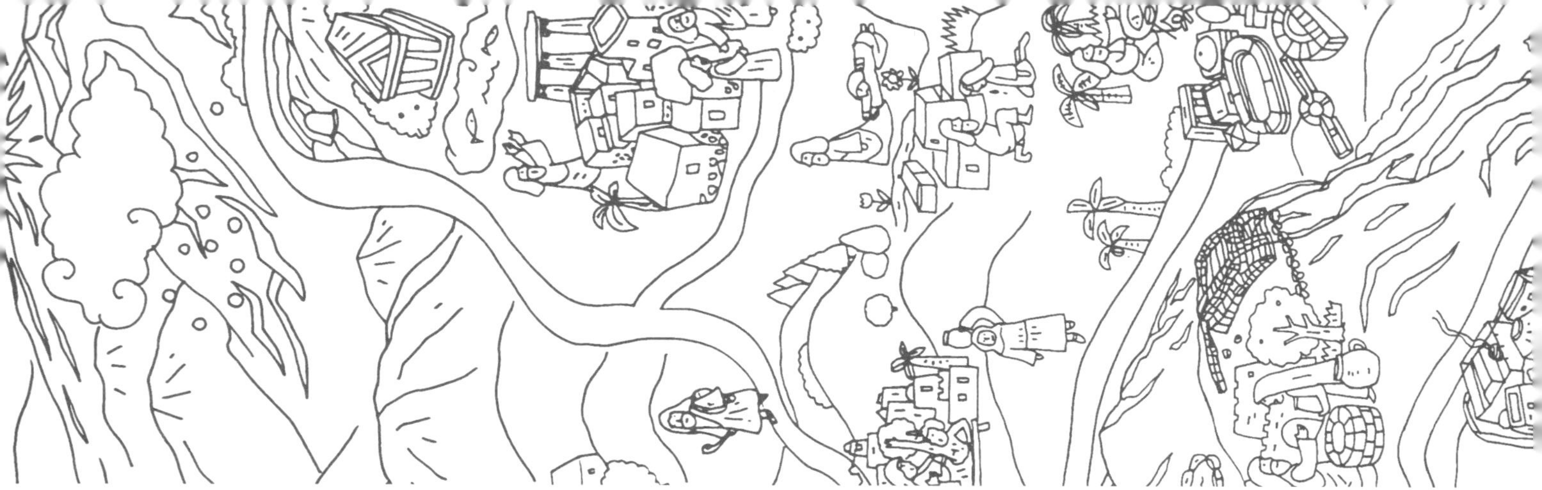

목차

01

구유에 누인 아기를 보리라

"오늘 다윗의 동네에 너희를 위하여 구주가 나셨으니 곧 그리스도 주시니라. 너희가 가서 강보에 싸여 구유에 뉘어 있는 아기를 보리니 이것이 너희에게 표적이니라 하더니" **눅 2:11-12**

베들레헴은 예루살렘에서 남쪽으로 직선거리 약 10km 떨어진 곳에 있는 작은 도시이다. 2000년 전 그리스도가 탄생할 당시에는 아주 작은 마을이었을 것이다. 예언자 미가는 이 마을에서 메시야가 태어날 것을 이렇게 노래했다. "베들레헴 에브라다야 너는 유다 족속 중에 작을지라도 이스라엘을 다스릴 자가 네게서 내게로 나올 것이라 그의 근본은 상고에, 영원에 있느니라"(미 5:2). 그런데 여관으로 번역한 헬라어 '카탈루마'는 '손님 방'이 더 적합하다. 왜냐하면 상업용 여관을 가리키는 '판독세이온'이 따로 있기 때문이다(눅 10:35). 출산하는 여인은 같은 공간에 있는 모두를 의식상 부정하게 할 수 있기 때문에, 요셉과 마리아에게는 격리된 공간이 필요했다. 강보는 갓난 아이를 감싸는 천인데, 이름을 미리 지었을 경우 이름까지 수놓는다. 그 날 밤 천사들을 통해 그리스도의 탄생 소식을 가장 먼저

01 목자들의 교회

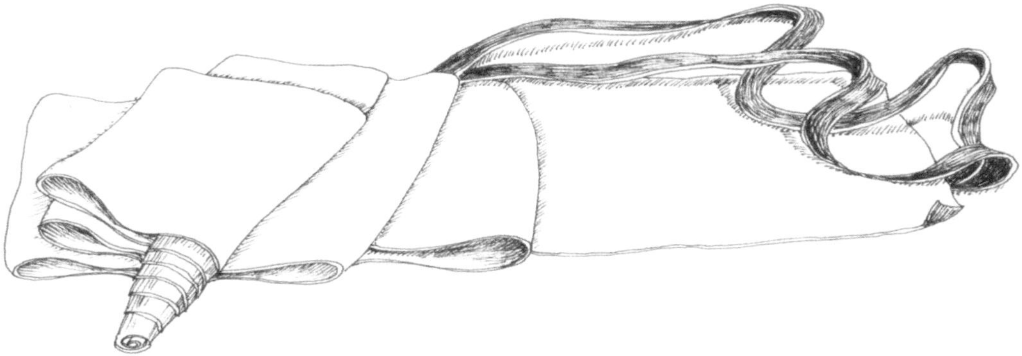

들었던 목자들은 아마도 레갑의 후손 목자들이며, 양들도 개인 소유가 아니라 성전 제수용이었을 개연성이 크다(렘 35:19;느 3:14). 그들은 밤에 양들을 동굴이나 야외 우리에 넣어 두고 쉬게 하고 있었을 것이다. 그들이 들었던 천사들의 노래는 "가장 높은 곳에서 하나님께 영광/땅에는 평화/하나님의 은총이 사람들에게"로 번역이 가능하다(눅 2:14). 그리스도를 누인 구유는 가축의 먹이 통을 가리키는데, 구유의 크기와 재질은 모두 다르다(므깃도 발견된 말 구유 사진 참조). 그런데 마리아가 출산한 장소를 마구간이라고 부르기보다 외양간으로 부르는 것이 더 낫다. 둘 다 같은 의미이지만, 이스라엘 역사에서 민간인이 말을 소유한 적이 없기 때문이다. 외양간은 대개 동굴 위에 건축한 집의 지하실이 된다. 이스라엘 전역에서 이런 동굴 주택(cave house)이 흔히 발견되며, 그리스도의 탄생 기념 교회당도 여러 개의 지하 동굴 위에 세워졌다. 그리스도의 탄생 동굴 옆 방은

03 목자들의 동굴 교회

교부 히에로니무스가 라틴어 성경 전권을 번역했던 장소로 알려진다. 가톨릭 교회는 그 동굴 위에 기념 교회당을 세우고 앞 마당에 그의 조각상을 설치했다.

추천도서: 김인철 지음, 알기 쉬운 복음서의 난제들 101, 2016년, 그리심.

02

그의 별을 보고 경배하러 왔노라

"헤롯 왕 때에 예수께서 유대 베들레헴에서 나시매 동방으로부터 박사들이 예루살렘에 이르러 말하되 유대인의 왕으로 나신 이가 어디 계시냐 우리가 동방에서 그의 별을 보고 그에게 경배하러 왔노라 하니" **마 2:1-2**

목자들이 그리스도가 태어난 당일에 방문했던 것과 달리, 동쪽에서 온 점성가들은 6개월에서 1년 정도 늦게 베들레헴에 도착했을 것이다. 그들이 출발했던 지역이 장거리 여행을 요할 만큼 유대에서 멀리 떨어져 있고(고대 페르시아 지역), 헤롯이 베들레헴 남아 살해 명령을 내릴 때 두 살까지 나이 범위를 높였기 때문이다(마 2:16). 점성가들을 가리키는 용어인 '마기'는 별을 보고 권력자들에게 조언하던 예언자 그룹이었다. 클라우디우스 황제가 예언 금지령을 내리기까지, 종종 그들은 로마를 방문해서 새 황제의 등극을 예언하기도 했다. 예를 들어 66년에는 여러 점성가들이 로마에 와서 예언을 했다. 그들이 보았다는 '그 분의 별'의 정체는 정확히 알 수 없으나, 일반적으로 목성과 토성 같은 행성들이 겹쳤다가 떨어졌다가 하면서, 마치 춤추듯

01 구주 탄생 기념관

02 탄생 기념 교회 내부

크게 보였다가 작게 보였다가 했던 현상으로 생각된다. 성경에서 별은 하나님의 사자 혹은 능력있는 지도자의 상징이었다(사 14:12-14). 그들이 유대인의 왕으로 나신 분의 별을 보고 경배하러 왔다는 증언은 민수기의 예언이 그리스도의 탄생에 대한 것임을 알게 해준다. "한 별이 야곱에게서 나오며"(민 24:17). 어쩌면 그들은 민수기의 구절을 알고 있었을 지도 모른다.

03 탄생 기념 교회 세례반

동쪽에서 온 점성가들이 몇 명이었는지 알 수 없지만, 그들이 준비한 선물은 황금, 유향, 몰약의 세 가지였다. 기원후 614년 페르시아의 후신 파르티아가 유대 땅을 점령했을 때 베들레헴의 그리스도 탄생 기념교회는 파괴하지 않았다. 교회당 벽에 페르시아인 바지를 입은 세 명의 마기 벽화가 있었기 때문이라고 한다. 마기들의 방문을 기념하는 장소를 파괴하지 않기로 했다는 것이다.

03

애굽에서 내 아들을 불렀다

"요셉이 일어나서 밤에 아기와 그의 어머니를 데리고 애굽으로 떠나가 헤롯이 죽기까지 거기 있었으니, 이는 주께서 선지자를 통하여 말씀하신 바 애굽에서 내 아들을 불렀다 함을 이루려 하심이라" **마 2:14, 15**

01 피라미드와 스핑크스

헤롯 왕은 아기 예수를 죽이려고 2살 이하의 베들레헴 남아들을 모두 죽이게 했다. 동방의 점술가들이 일러준 대로 '왕의 별'이 나타난 때를 기준으로 한 것이다. 그는 아내와 자식을 포함 자신의 정적으로 의심되는 자들을 다 죽였을 정도로 편집증에 시달렸기 때문에, 그런 명령을 내렸을 개연성이 충분하다. 요세푸스의 글에 의하면 그는 죽기 직전 전국의 존경받는 현자들을 모두 잡아들였고, 자신의 죽음이 확인되는 대로 모두 죽이라는 명령을 내렸다. 다행히 이 명령은 헤롯이 죽고나서 그의 충복이 현자들을 모두 석방했기 때문에 시행되지 않았다. 그가 이 명령을 내렸던 이유는 자신의 죽음을 기뻐하는 사람들의 웃음 소리가 들리지 않도록, 전국적인 애도가 이루어지게 하기 위해서였다. 그런데 성경과 요세푸스의 글에 나오는 헤롯의 두 명령은 공통점이 있다. 하나는 죽을 무렵에 살해 명령을 내렸다는 것이고, 또 하나는 살해 대상에 현자들이 포함되어 있다는 것이다.

아마도 요셉과 마리아는 베들레헴-헤브론-브엘세바-그랄-가사-라피아 루트를 따라 애굽의 국경을 넘었을 것이다. 오늘날의 카이로 인근 레온토 폴리스 즉, 히브리어로 '이르 하헤레스(사 19:18)'라고 부르는 곳에는 기원전 2세기 중엽에 사독 계열의 대제사장 오니아스 IV가 세운 유대인의 성전이 운영되고 있었다. "그 날에 애굽 땅 중앙에는 여호와를 위하여 제단이 있겠고 그 변경에는 여호와를 위하여 기둥이 있을 것이요"(사 19:19)라는 예언의 성취였다. 요셉과 마리아가 아기 예수를 데리고 어디까지 피난 갔는지 확인되지 않는다. 카이로 인근에는 유대인의 도시라는 의미의 '탈 예후디'라는 지역이 있었고, 그곳에 예수의 가족이 피난갔던 장소로 알려진 기념교회가 세워져 있다. 이집트 콥트 기독교의 전승에 의하면 성가족은 나일 강을 따라 아시우트까지 2,000km를 이동했다고 한다. 마

02 예수 피난 기념 교회

03 피난 교회 지하동굴

태는 호세아의 예언을 인용해서 "애굽으로부터 내 아들을 불렀다 함을 이루려 하심이라"(마 2:15; 호 11:1 참조)고 했다. 모세가 애굽에서 부르심을 받고 이스라엘을 구원한 것처럼, 예수 그리스도도 애굽에서 부르심을 받아 자기 백성을 구원했다는 것이다.

04

나사렛에서 자라나시다

"나사렛이란 동네에 가서 사니 이는 선지자로 하신 말씀에 나사렛 사람이라 칭하리라 하심을 이루려 함이러라"
마 2:23

01 그리스도가 자라나셨던 나사렛 언덕

애굽에서 돌아온 그리스도의 가족은 나사렛에 정착했다. 고고학적 발굴에 의하면 1세기 나사렛은 인구 500명 정도의 작은 마을이었다. 나사렛에는 이스르엘 골짜기를 한눈에 볼 수 있는 케두밈 언덕이 있어서, 맑은 날에는 남쪽으로 40km 떨어진 사마리아까지 보인다. 동쪽으로는 드보라와 바락 장군이 시스라에게 대승을 거둔 다볼 산이 있다. 더 남쪽으로는 사사 기드온이 미디안 군대를 물리친 모레 산이 있고, 그 산자락에 엘리사가 기적을 베푼 수넴 마을이 있다. 거기서 4km 남짓 남쪽으로 내려가면 기드온이 300 용사를 선택한 하롯 샘이 있다. 그 아래 길보아 산은 사울 왕이 블레셋과 싸우다 세 아들과 함께 전사한 곳이다. 나사렛 언덕에서 남서쪽으로 10km 떨어진 곳에는 갈그미스 전투를 위해 북상하던 파라오 느고를 막다 요시야 왕이 전사한 므깃도 언덕이 있다. 아마도 소년 예수는 이스르엘 골짜기에 얽힌 이야기를 들으며 자라났을 것이다. 나사렛이 비록 갈릴리의 작은 마을에 불과했지만, 언덕 아래로 펼쳐지는 역사의 현장들을 보며 민족의 지도자가 될 꿈을 키워가기에는 충분히 큰 학교였다.

나사렛은 옛 스불론 지파의 땅에 속했다. 나중에 그리스도는 가버나움으로 이주했는데, 그곳은 옛 납달리 지파의 땅이었다. 북 이스라엘 왕국에서도 변방에 속했던 그 땅들은 기원전 728년에 앗시리아의 속주가 되었다(왕하 15:29). 그리스도가 나사렛에서 자라나고, 가버나움 중심으로 활동한 것은 잃어버린 약속의 땅을 회복하는 것이라고 볼 수 있다. 마태는 그것을 이사야의 메시야 예언이 성취된 것으로 보았다(마 4:14; 사 9:1,2). 그리스도의 고향이 나사렛이란 사실은, 그를 '나사렛 예수'라고 부르는 이유가 되었다(마 26:71; 막 10:47). 마태는 그리스도가 나사렛에서 자라나게 된 이유가 구약 예언을 성취하기 위해서라고 했다(마 2:23). 하지만 구약 시대에 나사렛이라는 도시는 존재하지 않았기 때문

02 길보아 산

03 하롯샘

04 모레산 자락의 수넴

에 지명과 관계된 예언의 성취가 아닌 것은 분명하다. 합리적인 해석은 보호받는 사람이라는 의미의 히브리어 '나쪼르'와 연관 짓는 것이다(사 42:6). 즉, 그리스도가 '나사렛 사람(나조라이오스)'가 된 것은 '나쪼르' 사람이 되기 위해서였다는 것이다. 현대 히브리어로 예수 믿는 사람들을 가리키는 말은 '노쯔림(나사렛 사람들)'이다.

שמע

05

목수의 아들이 아니냐

"이는 그 목수의 아들이 아니냐 그 어머니는 마리아, 그 형제들은 야고보, 요셉, 시몬, 유다라 하지 않느냐"
마 13:55

예수 그리스도가 나사렛 회당에서 가르쳤을 때, 주민들은 그의 권위를 인정하지 않고 배척했다. 그들은 예수를 어릴 적부터 잘 알아왔다는 의미로 "이는 그 목수의 아들이 아니냐"라고 말했다. 1세기에는 직업의 분화가 오늘날과 같지 않았다. 다시 말해 목수, 석수, 철공, 토목 기사가 따로 없었다. 목수라고 번역된 헬라어 '테크톤'은 기술자나 소규모 건축업자를 의미했다. 아마도 요셉은 공사 현장에서 일했거나, 가정에 필요한 여러가지 도구들을 만드는 기술자였을 것이다. 유대인 학자 플루써(David Flusser)에 의하면 예수 당시의 유대 사회에서 목수(테크톤)는 현자로 통하여, 사람들이 조언을 구할 때 "혹시 근처에 목수가 계십니까?"라고 찾을 정도였다고 한다. 아마도

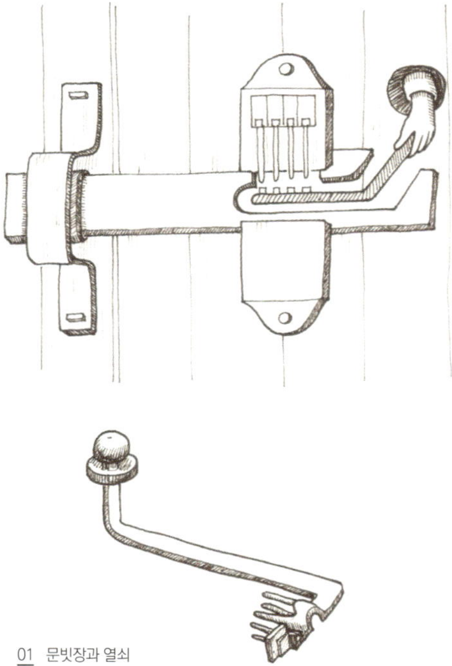

01 문빗장과 열쇠

02 탈곡기

기술자들이 사물의 이치를 일반인보다 더 안다고 생각했기 때문일 것이다.

예수에 관한 편견 가운데 하나는 그가 무식했다는 것이다. 이것은 갈릴리 사람들을 얕잡아 보는 예루살렘 유대인들이 만든 루머였다(요 7:14-15). 그러나 율법에 관한 지식에 있어서 예수는 사두개파와의 변론에서나 바리새파 율법사와의 공개

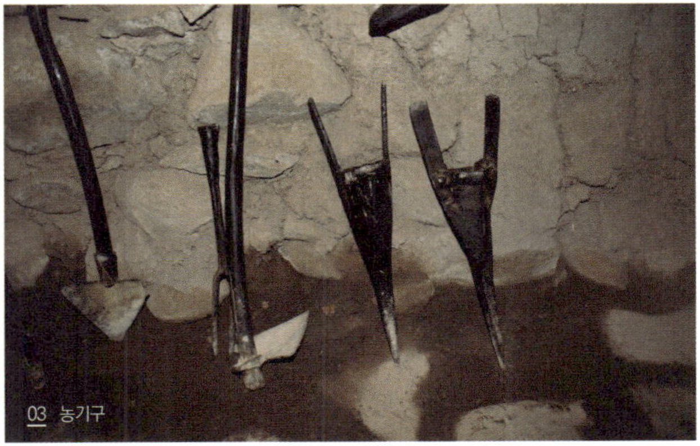
03 농기구

적인 변론에서도 탁월했다(마 22:23-40). 그를 넘어뜨리기 위해 고안된 정치적 혹은 율법적 함정들이 아무 소용없었다(마 22:15-22, 요 8:2-9). 오히려 예수는 기존의 성경해석의 맹점을 즐겨 지적했다(마 15:4-6, 23:16-22). 플루써의 말을 한번 더 인용하자면 '예수의 가르침을 당시 유대인들의 학습 배경과 대조해서 검토하자면, 어쨌든 예수는 무식하다는 것과 거리가 멀다는 것을 쉽게 알 수 있다. 그는 성경과 구전에 정통했고, 학자들의 가르침을 실천하는 방법도 알았다. 더욱이 예수의 유대교 지식은 사도 바울과 비교할 수 없을 정도로 탁월하다'고 말한다. 플루서는 요세푸스(유대고대사 XVIII 63-64)에서 예수를 '현자'로 부르고 있다는 사실에 주목한다.

David Flusser, Jesus, Magnes Press, Jerusalem, 30쪽에서 인용

04 도끼

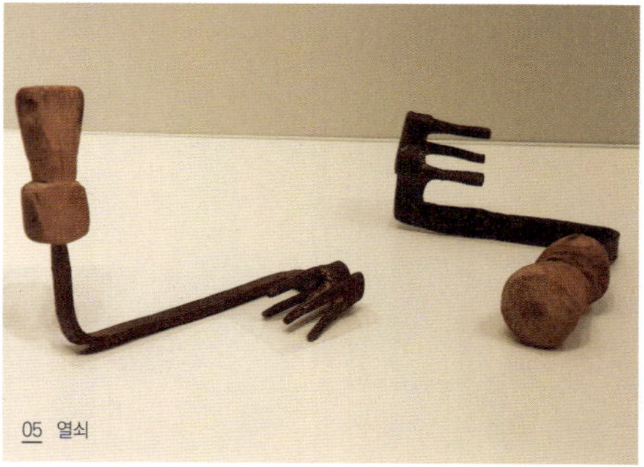

05 열쇠

06

예수, 성년이 되시다

"사흘 후에 성전에서 만난즉 그가 선생들 중에 앉으사 그들에게 듣기도 하시며 묻기도 하시니 듣는 자가 다 그 지혜와 대답을 놀랍게 여기더라" **눅 2:46, 47**

01 성인식이 진행되는 장소에 여인 출입 금지

유대인 남자 아이가 13세가 되면 성인식을 한다. 스스로 계명을 지킬 수 있게 되었다고 해서 '바르 미쯔바(계명의 아들)'라고 부른다. 성인식의 하이라이트는 토라의 한 부분을 소년이 스스로 읽는 것이다. 성경을 스스로 읽을 수 있어야 계명을 지킬 수 있기 때문이다. 성인식을 통해 '탈리트'라고 부르는 예배용 쇼울을 착용하게 된다. 당당히 회당의 일원이 되었다는 증거이다. 가족 친지들은 성인식을 치

02 성인식 토라 읽기 시험

르는 소년에게 축하를 아끼지 않는다. 결혼식에 버금가는 파티를 열어주거나 고가의 전통 복장을 선물하기도 한다.

예수는 열 두 살이 되어 부모들과 함께 유월절 순례 여행으로 예루살렘에 올라갔다. 성인이 된 다음 처음으로 성전을 방문한 것이다. 나사렛 회당에서 토라를 배웠을 예수가 성전의 토라 선생들을 통해 더 배우려 했던 것은 자연스러운 일이었다. 그런데 예수의 율법에 관한 통찰력과 지식은 토라 선생들을 놀라게 할 만큼 뛰어났다(눅 2:47). 어쩌면 그 선생들이 바리새파의 두 거두 힐렐이나 샴마이의 제자들이었을 것이다. 성년이 된 소년이 율법 선생들과 토론을 벌이느라 가족들이 애타게 찾는 이야기는 유대문헌에서 심심찮게 발

03 성인식 토라 케이스

견된다.

아마도 예수의 가족들은 일주일을 예루살렘에 머물렀던 것으로 보인다. 예수는 가족들이 이미 귀향 길에 올랐다는 사실도 잊은 채 성전에 머물러 있었고, 사흘 동안 잃어버린 맏아들을 찾아 성전까지 되돌아 온 부모들은 예수의 행동에 적지 않게 당황했다. 더욱이 마리아가 예수에게서 들은 대답은 더 이해할 수 없는 것이었다(눅 2:48-49). 이때 이미 예수에게는 성부 하나님의 일을 해야 할 사람이라는 자의식이 자리잡고 있었던 것같다.

07

요한에게 세례를 받으시다

"나도 그를 알지 못하였으나 내가 와서 물로 세례를 베푸는 것은 그를 이스라엘에 나타내려 함이라 하니라. 요한이 또 증언하여 이르되 내가 보매 성령이 비둘기같이 하늘로부터 내려와서 그의 위에 머물렀더라" **요 1:31, 32**

예수 그리스도는 공생애를 시작하기 전 세례자 요한에게 세례를 받았다. 세례자 요한은 그리스도를 위해 백성들을 준비시키고, 그리스도를 세상에 드러내도록 보내진 사람이었다(요 1:23, 31, 32). 세례를 받고 물에서 올라올 때 성령이 내려왔고, 하늘로부터 소리가 들렸다는 것은 예수가 그리스임을 드러낸다. 누가복음에는 세례자 요한의 어머니 엘리사벳과 그리스도의 어머니 마리아가 친척 관계로 나온다(눅 1:36). 요한복음을 보면 세례자 요한이나 예수 그리스도나 그 사실을 몰랐던 것으로 보인다.

세례는 원래 물에 몸을 잠그면서 의식상의 불결을 제거하는 정결예식이었다. 요한은 회개하여 마음의 죄악이 씻겨나간 표로 요단 강에서 세례를 주었다. 헬라어로 '세례자'라는 말은 '물에 잠그는 자'라는 의미이다. 그가 세례 받는 사람을 물에 잠근 것이 아

01 예수 그리스도와 세례자 요한(소피아 사원 벽화)

02 그리스도의 수세 장소로 알려진 곳

03 세례자 요한의 고향 엔 케렘

니라, 회개한 사람들이 몸을 잠그도록 허락했다는 의미로 보아야 한다. 로마의 카타콤에서는 물에서 올라오는 그리스도의 손을 세례자 요한이 잡아주는 벽화가 발견되기도 했다. 정결예식에 가장 적합한 물은 강물이며, 입수와 배수가 이루어지는 구조이면 샘이나 웅덩이 혹은 인위적으로 만든 수로나 정결예식 저수조(미크베) 모두 허용된다. 현재 이스라엘에는 이런 미크베가 150개 이상 남아 있다. 정결예식이 필요한 곳이면 심지어 산꼭대기의 요새에도 미크베가 설치되었던 것이다. 세례자 요한이 죽은 후 세례는 그리스도를 믿고 그의 제

04 예루살렘 정결 예식조

자가 되는 의식이었다. 사도행전을 보면 베드로의 설교를 듣고 하루에 삼천 명이 회개하고 세례를 받은 것을 알 수 있다(행 2:41). 1세기 예루살렘은 수로를 통해 10km 떨어진 베들레헴으로부터 충분한 물을 공급받았다. 성전 남쪽 입구와 시장 유적지에서 수많은 미크베들이 발견되는 이유이다.

추천도서: 김인철 지음, 세례자 요한, 2009. 그리심.

08

마귀에게 시험을 받으시다

"성령이 곧 예수를 광야로 몰아내신지라 광야에서 사십 일을 계시면서 사탄에게 시험을 받으시며 들짐승과 함께 계시니 천사들이 수종들더라" **막 1:12, 13**

01 여리고 시험산

요한에게 세례 받은 직후 그리스도는 성령에 이끌려 광야로 갔다. 그곳에 들짐승들이 있었던 것으로 보아, 식물들이 자라는 들판이었을 것이다(막 1:12-13). 그리스도는 마귀에게 시험 받기 위해 광야에서 40일을 금식했다(마 4:1,2). 40일은 충분한 기간의 상징이다. 노아 시대에

02 시험산 수도원

비가 40일 동안 쏟아졌고, 니느웨 사람들에게 40일의 회개 기간이 주어졌고, 모세는 율법을 받기 위해 40일 동안 시내산에 있었고, 이스라엘 지도자들이 가나안 땅을 40일 정탐했고, 그리스도는 부활 후 40일 동안 지상에 있었다.

마귀는 "돌로 빵을 만들어라"고 주문함으로써, 그리스도가 하나님의 능력이 아닌 음식을 의지하게 유혹했다. 그리고 성전 꼭대기에 세운 다음 "뛰어내리라"고 주문함으로써, 그리스도로 하여금 하나님의 말씀을 의심하게 만들도록 유혹했다. 이때 성전 꼭대기는 기드론 골짜기와 접한 동남쪽 모퉁이로서 땅에서부터 가장 높은 지점을 가리킨다. "내게 경배하면 만국 영광을 주겠다"고 약속함으로써, 그리스도가 하나님의 종이 아닌 마귀의 종이 되도록 유혹했다. 실제로 마귀가 그리스도를 성전 꼭대기에 세웠는지, 만국 영광을 어떻게 보여주었는지 알 수 없다. 마귀의 시험을 받을 때마다 그리스도는 신명기 구절들을 암송하여 물리쳤다(신 8:3; 6:16; 6:13). 그리스도가 마귀의 유혹을 이긴 것은, 늘 시험을 당하

03 아랍 빵을 굽는 여인

04 다윗 성과 성전 모형

며 사는 우리를 능히 도울 수 있음을 보여준다. “그가 시험을 받아 고난을 당하셨은즉 시험 받는 자들을 능히 도우실 수 있느니라”(히 2:18).

09

들의 백합화를 보라

“또 너희가 어찌 의복을 위하여 염려하느냐 들의 백합화가 어떻게 자라는가 생각하여 보라 .... 오늘 있다가 내일 아궁이에 던져지는 들풀도 하나님이 이렇게 입히시거든 하물며 너희일까보냐 믿음이 적은 자들아” **마 6:28, 30**

식물학자 로버트 쿱스에 의하면 마태복음 6장과 누가복음 12장에서 백합화으로 번역된 헬라어 '크리논'은 흰 백합화(lily)가 아니라 더 광범위한 집단의 꽃을 가리키는 것으로 보인다. 예를 들면 중동의 전역에서 미나리아재비(buttercup)과에 속하여 1-3월에 여섯 장의 빨간 색 꽃을 피우는 '코로나리아 바람꽃(crown anemone)'이 그 중의 하나이다. 세계적으로 바람꽃은 120 종류가 되는데, 성서 식물학자 정정숙은 여기에 양귀비, 아도니스, 돔마카비, 튤립, 캐모마일 등을 포함시킨다. 그리스도가 언급하신 '크리논'을 흰 색의 마돈나 백합(madonna lily)로 확정한 것은 17세기 교황의 칙령에 근거한다. 하지만 그리스도가 이 꽃을 “솔로몬의 모든 영광으로 입은 옷보다 낫다”

01 백합, 붉은 미나리아재비

고 한 비유만 보더라도 흰 색이 아님을 짐작할 수 있다. 솔로몬이 흰색 까운을 왕복으로 걸쳤다고 볼 수 없기 때문이다. 솔로몬은 고가의 염료로 물들인 붉은 색이나 보라 색 왕복을 입었을 것이다. 1세기 이스라엘에는 아시아와 아프리카에서 유입된 수많은 꽃들이 이른 봄 들판을 화려하게 수놓았다. 지금도 이른 봄 이스라엘 들판은 각종 야생화들이 앞다투어 피어나 자태를 뽐낸다.

02 성서식물원의 백합

1세기 유대의 서민들은 연중 한 벌 옷으로 살아갔다. 낡아진 옷은 기워서 입었으며, 새 옷을 장만할 금전적 여유가 없었다. 그리스도는 그런 서민들에게 위로의 메시지를 전한 것이다. 그리스도의 메시지를 풀어보면 이렇게 된다. “솔로몬이 아름다운 옷을 입고 살았어도 들꽃만큼 아름다운 옷은 아니었다. 솔로몬의

03 보태니컬 가든의 백합화

04 브솔의 백합화

영광이 사라졌듯이, 들꽃의 영광도 사라져 불쏘시개가 된다. 입을 옷을 걱정하지 말고, 들꽃보다 세심하게 돌보시는 하나님을 신뢰해라" 그리스도는 옷 걱정 하는 사람들에게 옷을 주는 대신, 헐벗지 않게 입히시는 하나님을 바라보게 했다.

추천도서: 정정숙, 성서식물, 크리스찬 뮤지엄.
로버트 쿱스 저, 권성달 옮김, 성서속의 식물들, 대한성서공회

10

나는 포도나무이다

"나는 참 포도나무요 내 아버지는 농부라. 무릇 내게 붙어 있어 열매를 맺지 아니하는 가지는 아버지께서 그것을 제거해 버리시고 무릇 열매를 맺는 가지는 더 열매를 맺게 하려 하여 그것을 깨끗하게 하시느니라" **요 15:1, 2**

01 극상품 포도

전북 고창에서 농약 치지 않고 화학비료 없이 포도 재배에 크게 성공했다고 한다. 한 나무에서 가지가 40미터나 뻗었는데, 무려 4500 송이가 달렸다는 것이다. 일반 포도원 평균 생산량의 100배에 해당한다. 가지가 좋은 뿌리에 붙어 있기만 하면, 풍성한 열매가 보장되는 것

02 포도 덩굴

을 알 수 있다. 이처럼 포도나무는 가지가 땅에 닿지 않게 해주어야 한다. 땅에 닿은 가지에서 뿌리가 내리고, 거기에서 나온 새 가지는 자생력이 약하기 때문이다. 포도 나무가 새 순을 내기 시작하는 5월은 이스라엘에서 무더운 건기이다. 마른 땅에서 새로 돋아난 가지가 스스로 자양분을 빨아올리지 못하고 시들 것은 자명하다. 4,000년 전 이집트 고분벽화에도 포도덩굴들이 땅에 닿지 않게 기둥을 세워 받쳐놓은 모습이 그려져 있다. 이스라엘도 일찍이 기둥을 세워 덩굴을 받치는 방식으로 포도를 재배했다. 기둥을 세우기 힘든 곳에는 바위라도 받쳐서 가지가 땅에 닿지 않게 해주었다.

요한복음 15장에서 그리스도는 자신을 포도나무에 비유했다. 한글 성경에 '제거해버리시고'라고 되어 있는 헬라어 '아이레이'는 '들어올리시고'로 번역될

03 고대이집트 벽화

수 있다(요 15:2). 이 단어는 같은 절에서 “열매를 맺는 가지는 더 맺게 하려 하여 깨끗하게 하신다(카타레이)”는 단어와 평행구가 된다. 발음 상 ‘아이레이’와 ‘카타레이’가 평행이 되고, 의미도 평행이 된다. 만약 ‘아이레이’를 ‘제거해버리다’로 번역하면, ‘카타레이’를 ‘깨끗하게(가지치기) 하시고’처럼 '잘라내다'는 부정적 의미로 평행이 된다. 그런데 ‘아이레이’를 ‘들어올리시고’로 번역하면, 뒤에 나오는 동사 ‘카타레이’가 열매를 더 맺게 하기 위한 긍정적인 이미지로 평행이 된다. 중요한 것은 포도 가지가 포도

04 가버나움 건물 장식 포도

나무에 붙어 있어야 한다는 사실이다. 예수 그리스도는 제자들이 열매를 맺기 위해서 그에게 붙어 있어야 됨을 강조한다. 그에게서 출발했지만 그와 상관없이 새로운 사역을 한다면 오래가지 못할 것이라는 가르침이다.

11

새 포도주는 새 부대에

"새 포도주를 낡은 가죽 부대에 넣는 자가 없나니 만일 그렇게 하면 새 포도주가 부대를 터뜨려 포도주와 부대를 버리게 되리라 오직 새 포도주는 새 부대에 넣느니라 하시니라" **막 2:22**

포도는 마실 물이 모두 바닥난 8월부터 수확하기 시작한다. 따라서 첫 포도를 수확하는 날은 축제였다. 사사기에 나오는 여호와의 포도원 연례 축제는 포도를 첫 수확하는 날 여인들이 흥을 돋구었던 무도회를 가리킨다(삿 21:19-21). 포도즙을 낼 때는 씨가 깨어져 쓴 맛이 나지 않도록 발로 밟았다. 포도를 밟다가 미끄러져 넘어지지 않도록 머리 위에 달린 줄을 손으로 붙잡았다. 포도즙을 야외에서 만들기 때문에 곤충들이 섞여 들어가지 않

01 포도틀

도록 세마포 걸음 망으로 여러 번 걸러냈다. 포도즙이 상하는 것을 방지하기 위해 토기에 넣어 발효시킨 다음 저장했다.

새 포도주는 딱딱한 낡은 가죽 부대에 담지 않았다. 새 포도주가 부풀어 오르면서 부대를 터뜨릴 수 있었기 때문이다. 새 포도주는 토기에 담아 일단 발효시킨 다음 새 부대로 옮겨 담았다. 이 비유는 사고의 유연성을 가진 사람들만 그리스도의 가르침을 받아들일 수 있다

02 교유기

03 크레타 포도주 항아리

는 의미를 담고 있다. 낡은 가죽 부대가 새 포도주를 감당하지 못하는 것처럼, 고정관념에 잡힌 사람들은 그리스도의 가르침을 감당하지 못했다. 그리스도의 가르침은 제자들처럼 새로운 질서를 향해 마음이 열려있는 사람들이 받아들일 수 있었다.

12

지혜로운 건축자가 되어라

"그러므로 누구든지 나의 이 말을 듣고 행하는 자는 그 집을 반석 위에 지은 지혜로운 사람 같으리니, 비가 내리고 창수가 나고 바람이 불어 그 집에 부딪치되 무너지지 아니하나니 이는 주추를 반석 위에 놓은 까닭이요"

마 7:24, 25

01 카쯔린건축자의 집

건축자의 비유는 팔레스타인의 계절과 기후를 배경으로 한다. 아무리 어리석은 사람이라도 푸석한 모래 위에 집을 짓지는 않는다. 어리석은 건축자가 모래(흙) 위에 집을 세운 이유는 딱딱한 흙이 반석처럼 느껴졌기 때문이다. 건기에 딱딱하게 굳은 땅을 판다는 것은 여간 어렵지 않다. 대조적으로 지혜로운 건축자는 반석이 드러날 때까지 힘들게 땅을 팠다. 아무리 딱딱해도 흙이 돌을 대신할 수 없는 것을 알기 때문이다. 우기에 폭우가 쏟아지면 빗물이 도로를 따라 흘러내린다. 이스라엘의 어느 도시에도 배수 시설이 따로 없기 때문에, 반석 위에 지은 집이나 땅 위에 지은 집이나 침수 피해를 입는다. 그런데 전자의 경우 반석이 집을 받쳐주지만, 후자의 경우 땅의 일부가 물에 쓸려 가면서 무너진다. 세차게 내리는 비와 불어난 물과 거센 바람을 이기지 못하는 것이다.

건축자의 비유는 잠언의 한 단락 같은 느낌을 준다. 잠언이 '어리석은 자'를 깨우치기 위한 훈계이기 때문이다. 교훈의 핵심은 '반석이 드러날 때까지 땅을 파야 한다'이다. 그리스도의 가르침 위에 신앙과 삶을 건축하려면 노력을 아끼지 말아야 한다. 잠언에는 네 종류의 어리석은 자가 나온다. '귀가 얇은 자(페티)' '자기 꾀를 믿는자 혹은 고집스러운 자(크실)' '거만한 자 혹은 조롱하는 자(루쯔)' '하나님을 부인하는 자(나발)'이다. 이 중에서 오직 '귀가 얇은 자'만이 가르침을 받고 돌이키게 된다. 잠언은 나머지 세 유형의 사람들을 훈계하지 말라고 충고한다. 그리스도의 가르침에 솔깃하게 귀를 기울이면, 어리석은 사람도 지혜로운 사람이 된다.

13

가서 너도 이와같이 하라

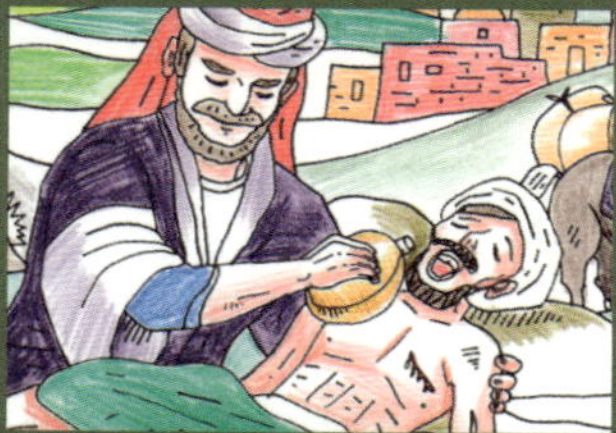

"네 생각에는 이 세 사람 중에 누가 강도 만난 자의 이웃이 되겠느냐. 이르되 자비를 베푼 자니이다. 예수께서 이르시되 가서 너도 이와같이 하라 하시니라" **눅 10:36, 37**

01 선한 사마리인 여관 유적 안내판

어떤 율법 선생이 그리스도에게 영생 얻는 방법을 물었다. 그리스도는 율법에 어떻게 기록되어 있는지 되물었다. 그는 "하나님을 사랑하라"는 신명기 말씀(신 6:4)과 "이웃을 사랑하라"는 레위기 말씀(레 19:18)으로 대답했다. 그리스도는 그의 대답을 칭찬하면서 그대로 실천하라고 했다. 그 율법 선생은 또 한 번 칭찬을 기대하면서 "그러면 내 이웃이 누구입니까"라고 물었다(눅 10:29). 아마도 그 율법 선생은 그리스도가 레위기 19장의 한 구절을 인용했을 때, 자기 이웃이 누구를 가리키는지 알고 있었을 것이다. 레위기 19장에서 이웃은 가난하고 힘 없는 사람들이기 때문이다. 그리스도는 즉답을 피하고 선한 사마리아인 이야기를 들려주었다. 그리고 나서 "누가 강도 만난 자의 이웃이 되겠느냐"라고 물었다. 율법 선생은 더 이상 도망칠 곳이 없음을 알고, "자비를 베푼 자입니다"라고 대답했다.

선한 사마리아인 이야기의 주제는 '누가 위선자이고 누가 진실한 율법의 실천자인가'가 아니다. '누가 가난하고 약한 자들의 이웃인가?'이다. 선한 사마리아인 이야기가 비유인가 실화인가를 따지는 것도 핵심을 비켜가는 일이다. 당시 유대사회는 직업별로 계층화 되어 있었고, 자신의 계층에 속한 사람을 이웃으로 받아들였다. 그 점에서 자본주의 현대사회와 크게 다르지 않았다. 율법 선생이 "내 이웃이 누구입니까?"라고 물었을 때 기대했던 대답은 "네 이웃은 동료 율법 선생들이다"였을 것이다. 그러나 그리스도는 '누가 강도 만난 자의 이웃인가'는 말로 관점을 바꾸어 역으로 질문했다. 율법 선생이

02 선한 사마리아인 여관 마을 유적

03 비잔틴 시대 선한 사마리아인 여관 기념교회

"자비를 베푼 자입니다"라고 대답했을 때 토론은 막바지에 이르렀다. 그리스도는 "가서 너도 이와같이 하라"는 지침을 주어, 이웃을 임의로 선택하는 관습에 대못을 박았다. 내게 필요한 자가 내 이웃이 아니라, 나를 필요로 하는 자가 내 이웃인 것이다.

14

너희는 나를 누구라 하느냐

"예수께서 빌립보 가이사랴 지방에 이르러 제자들에게 물어 이르시되 사람들이 인자를 누구라 하느냐 .... 시몬 베드로가 대답하여 이르되 주는 그리스도시요 살아계신 하나님의 아들이시니이다" **마 16:13, 16**

01 가이사랴 빌립보

베드로는 빌립보 가이사랴 즉, 파니아스에서 저 유명한 신앙고백을 했다. 파니아스는 원래 목동의 신 '판'을 숭배하던 장소였지만, 주라고 불러지는 여러 신들을 숭배하는 곳으로 발전했다. 지금도 파니아스는 중동에서 가장 큰 폭포가 있을 만큼 물이 풍부하고 숲이 우거진 곳이다. 고대로부터 숲이 우거지고 물이 많은 곳은 신들의 거처로 여겨졌다. 예수 그리스도가 파니아스를 지나면서 "사람들이 나를 누구라 하느냐? 너희는 나를 누구라 하느냐" 라고 물은 것은 우연의 일치가 아니다. "너희는 누가 주라고 생각하느냐"라는 질문이 되기 때문이다. 이처럼 그리스도의 가르침은 지리적 배경과 함께 주어질 때가 많다.

02 가이사랴 빌립보 유적 복원도

03 가이사랴 빌립보 신전들

베드로의 신앙고백은 그리스도의 공생애를 가르는 분기점이 된다. 베드로 외의 제자들이 선뜻 대답하지 못했을 만큼, 그때까지 그리스도의 정체성은 베일에 가려져 있었다. 베드로의 신앙고백 이후 비로소 그리스도는 자신의 죽음과 부활에 대해 가르쳤다. 그리스도는 베드로의 신앙고백을 칭찬했다. 그에게 천국 열쇠를 주고, 그의 위에 교회를 세우겠다는 약속을 했다. 하지만 정작 베드로는 그 순간 "주여 그리 마옵소서 이 일이 결코 주께 일어나지 않을 것

04 가이사랴빌립보 폭포

입니다"라며 항변했다. 하나님의 아들 메시야가 비참하게 죽는다는 것을 상상조차 할 수 없었기 때문이다. 죽기 위해 보내진 메시야가 하나님의 아들이라는 역설을 베드로는 미처 깨닫지 못했다.

15

가버나움에 가서 사시니

"나사렛을 떠나 스불론과 납달리 지경 해변에 있는 가버나움에 가서 사시니"
마 4:13

01 가버나움 집터와 회당

고향 사람들에게서 배척받은 예수는 가버나움으로 이주했다. 나사렛은 스불론 지파의 땅이었고, 가버나움은 납달리 지파의 땅이었다. 1세기에 가버나움은 세관과 로마 군영이 있을 정도로 큰 도시였다. 세리 마태가 예수의 제자로 부름 받은 곳도 가버나움이었다. 현재 남아 있는 회당 건물은 갈릴리의 석재인 현무암이 아니라 흰 색의 석회암으로 지어졌다. 그것은 수입석을 사용할 정도로 가버나움의 재력이 컸음을 말해준다. 회당 바로 앞에는 혈족들이 모여 사는 집성촌(인슐라)이 있었고, 베드로의 장모 집으로 알려진 곳도 거기에 있었다. 그리스도는 대부분의 제자들을 가버나움에서 선발했으며, 공생애 3년을 가버나움 중심으로 활동했

02 가버나움 회당

다. 순회여행을 가버나움에서 출발해서 다시 가버나움으로 돌아오는 식이었다.

그리스도의 중요한 가르침과 잘 알려진 이적들이 가버나움에서 행해졌다. 중풍병으로 고생하는 로마 백부장의 하인, 죽게 된 왕의 신하의 아들, 열병(말라리아)에 걸린 베드로의 장모, 들것에 실려온 중풍 병자, 귀신들린 채 회당 예배에 참석했던 자, 혈루증 앓는 여인 등 수많은 불치병자를 고쳤다. 그가 가버나움 회당에서 스스로를 '하늘에서 내려온 생명의 떡(빵)'이라고 했을 때, 따르는 자와 반대하는 자가 확연히 분리되기도 했다(요 6:50,59,66). 그 어떤 도시에서보다 많은 이적을 보았지만 믿는 자들이 적었다. 그리스도는 이적만 즐기고 회개하지 않는 가버나움을 향해 경고했다. “가버나움아 네가 하늘에까지 높아지겠느냐 음부에까지 낮아지리라” 가버나움 유적지로 들어가는 길목 벤치에는 '노숙자 예수'라는 조형물이 설치되어 있다. 큰 경비를 들여 성지를 방문하는 사람들에게 그리스도의 가르침을 실천하도록 울림을 주는 설치예술이다.

03 베드로 장모 집터

04 가버나움 노숙자 예수 조형물

16

열둘을 세우셨으니

"또 산에 오르사 자기가 원하는 자들을 부르시니 나아온지라. 이에 열둘을 세우셨으니 이는 자기와 함께 있게 하시고 또 보내사 전도도 하며 귀신을 내쫓는 권능도 가지게 하려 하심이러라"
막 3:13-15

01 사람 낚는 어부가 되게

02 투망

그리스도의 12 제자는 가룟 유다를 제외하고 모두 갈릴리 출신이며 다수가 어부들이다. 12 제자는 모두 세 그룹으로 고정되어 있으며, 각 그룹 안에서 순서가 바뀌기도 한다. 첫째 그룹은 베드로와 그의 형제 안드레, 세베대의 아들 야고보와 요한이다. 둘째 그룹은 빌립과 바돌로매(나다나엘), 도마와 세리 마태이다. 셋째 그룹은 알패오의 아들 야고보와 다대오(야고보의 아들 유다), 열심당 시몬과 가룟 유다이다.

12 제자를 따로 세운 것은 세상으로 파송하기

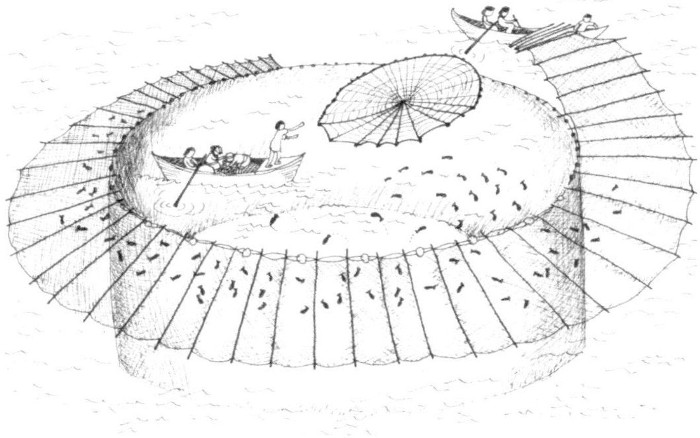

위해서였다. 그들은 3년 동안 그리스도와 함께 살고, 그에게서 배우고, 그로부터 권능을 받았다. 그들은 각 민족을 그리스도의 백성으로 만드는 12 사신들이었다(마 28:19-20). 그런 점에서 그들은 모세가 가나안 땅으로 들여보낸 12 지파의 우두머리들을 연상시킨다. 성경과 전승에 의하면 가룟 유다를 제외하고 서로 다른 나라들에서 사역하다 생을 마쳤다. 그런데 마태복음 4장에는 첫째 그룹 4 제자를 부르신 이야기가 나온다. 그들은 그물을 던지고 있거나 수선하고 있다가 '사람을 낚는 어부'가 되도록 부르심을 받았다. 그물로 물고기를 잡는 방법은 투망을 던지거나, 그물을 단 배가 물고

04 쌍끌이 그물

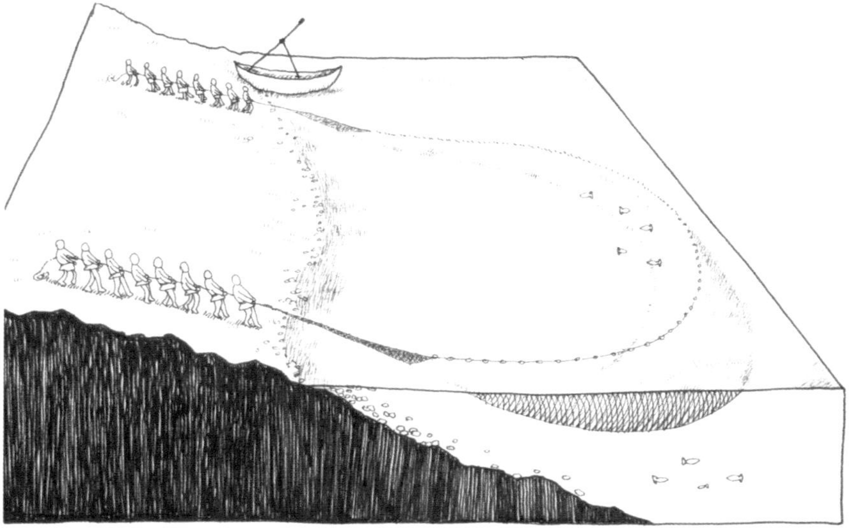

기들을 해변으로 몰거나, 바다 가운데 삼중 망을 쳐서 끌어올리는 세 가지 방식이다. 그들이 그물을 쳐야 하는 바다는 그리스도를 모르는 세상 모든 나라였다.

17

사마리아인들이 예수께 와서

"사마리아인들이 예수께 와서 자기들과 함께 유하시기를 청하니 거기서 이틀을 유하시매 예수의 말씀으로 말미암아 믿는 자가 더욱 많아" **요 4:40-41**

01 세겜 골짜기

신약 시대에 사마리아는 북쪽의 갈릴리와 남쪽의 유대 사이에 있는 행정구역이었다. 그리스도가 활동할 당시 사마리아는 황제 직속령으로 총독이 다스리고 있었다. 그리스도와 사마리아 여인이 대화를 나눈 수가는 고대 세겜에서 동쪽으로 1km 떨어진 세겜 골짜기에 새로 건설된 도시였다. 서북쪽으로는 940m 고지의 에발 산과 서남쪽으로는 881m 고지의 그리심 산 사이에 있었다. 그리심 산은 여호수아가 요단을 건넌 다음 축복을 선포한 곳이며(수 8:33), 기원전 4세기 말에 사마리아인들의 성전이 세워졌던 성소였다. 이 성전은 기원전 126년 유대의 통치자 요한 히르카누스가 파

02 그리심 산 성전 자리

03 사마리아 유월절

괴할 때까지 존속했었다. 수가 성 여인이 "우리 조상들은 이 산에서 예배하였는데"라고 한 것은 그리심 산을 가리켰다(요 4:20). 수가 성에 야곱의 우물이 있었다는 것은 야곱이 세겜 지역의 땅을 샀고(창 33:18-20), 요셉 지파에게 주었다는 기록에 근거한 것이다(창 48:21-22). 지금도 그리심 산에는 사마리아 제사장들과 가족 700명이 살고 있는데, 유월절 저녁에 모세의 가르침에 따라 가족 수대로 양을 잡아 불에 굽는다. 유대인들이 유월절 저녁에 닭 날개를 먹는 것과 대조적이다.

"당신들의 말은 예배할 곳이 예루살렘에 있다 하더이다"라는 말은, 유대인과 사마리아인 사이의 오래된 단일성소 논쟁을 단적으로 보여준다. 예수 그리스도는 단일 성소 프레임을 넘어 진정한 예배 정신을 강조했다. 수가 성 사람들이 예수 그리

04 수가성 야곱의 우물

스도를 믿었다는 것은 그리스도가 전체 이스라엘의 구원자임을 보여준다. 사마리아인들 역시 기름부음 받은 자(타헤브)가 와서 모든 것을 회복할 것이라는 믿음을 가지고 있었다(요 4:25). 그리스도는 성령이 임할 때 제자들이 '유대와 사마리아'를 복음화할 것을 예고 했다(행 1:8). 오순절 성령 강림 이후 빌립 집사는 사마리아에 내려가 수많은 사람들을 믿게 했고(행 8:5-8), 예루살렘에 임한 성령은 요한과 베드로의 기도를 통해 사마리아에도 임했다(행 8:15-17).

추천도서: 로버트 T. 앤더슨 지음, 김건수 옮김,
사마리아의 수호자들, 2018. 그리심.

18

삭개오야 내려오너라

"삭개오가 서서 주께 여짜오되 주여 보시옵소서 내 소유의 절반을 가난한 자들에게 주겠사오며 만일 누구의 것을 속여 빼앗은 일이 있으면 네 배나 갚겠나이다. 예수께서 이르시되 오늘 구원이 이 집에 이르렀으니 이 사람도 아브라함의 자손임이로다" 눅 19:8, 9

01 여리고

여리고는 왕의 대로가 지나가는 요단 동쪽과 해안 도로가 지나가는 요단 서쪽을 잇는 무역의 중개 도시였다. 오아시스와 대추야자의 도시(종려나무의 성) 여리고는 중개 무역으로 막대한 수입을 올렸다. 여리고의 세관 책임자 삭개오도 상당한 금액을 모았다. 당시 로마 제국의 세금은 대납형태로 운영되었다. 황제의 최측근이 황제에게 특정 지역의 세금을 대납하고, 자신의 가신에게 해당 지역의 세금 징수권을 주었다. 그 가신은 여러 명의 업자에게 일정 금액을 대납하게 하고 징수권을 쪼개어 준다. 이런 식의 피라미드식 세금 징

02 여리고 돌무화과나무

수 구조가 아래로 이어진다. 그래서 가장 아래에 있는 세리도 자신의 몫을 챙길 수 있게 되어 있다.

여리고의 유대인들은 삭개오를 매국노로 단죄했을 것이다. 그들의 단죄가 역설적으로 그리스도의 선언에서 드러난다. "예수께서 이르시되 오늘 구원이 이 집에 이르렀으니 이 사람도 아브라함의 자손임이로다"(눅 19:9). 삭개오는 세금 명분으로 여리고 사람들의 재산을 도둑질했다고 고백했다. 그는 절도행위에 대해 4배를 갚겠다고 했는데, 정확히 토라에서 양 한 마리 도둑질에 4 마리로 갚는 원칙을 적용한 것이기 때문이다(출 22:1). 어떻게 삭개오는 갑자기 죄값을 치르며 살 뿐 아니라, 어려운 이웃을 도우며 살기로 결심하게 되었을까? 그 해답은 그리스도가 조건 없이 그와 교제하기로 먼저 손을 내민 것에서 찾을 수 있다. 돌무화과 나무 위에 올라가 있는 삭개

03 돌무화과 대들보

04 여리고 유적

오를 보는 순간 그리스도가 "삭개오야 내려오너라. 내가 오늘 네 집에 묵어야 하겠다"라고 요청했기 때문이다. 돌무화과 나무는 개량종 무화과 나무와 잎 모양이 같지만, 열매가 작고 가지가 굵어 목재용으로 사용되었다. 여리고의 돌무화과 나무를 비롯 여러 사진들을 참고하면 좋을 것이다.

19

나는 생명의 빵이다

"예수께서 이르시되 나는 생명의 떡(빵)이니 내게 오는 자는 결코 주리지 아니할 터이요 나를 믿는 자는 영원히 목마르지 아니하리라. 그러나 내가 너희에게 이르기를 너희는 나를 보고도 믿지 아니하는도다 하였느니라"

요 6:35, 36

01 벳새다

보리 빵 다섯 개와 물고기 두 마리로 굶주린 군중들을 먹인 이적은 베드로의 고향인 벳새다 들판에서 행해졌다. 어린 아이가 가져온 보리 빵은 가난한 사람의 음식이었고, 생선은 아마도 개인이나 막달라 공장에서 훈제한 베스(베드로 고기)나 정어리였을 것이다. 주식인 빵 만들기는 여인들의 일과였지만, 온 가족이 참여했다(렘 7:18). 가루 반죽(창 18:6, 삼상 28:24, 삼하 13:8)에 효모와 소금 간을 해서 화덕에 구워 둥글 넓적한 빵 '피타'를 만들어

02 화덕

먹었다. 빵을 굽는 방법은 크게 네 가지였다. 1)넓적한 돌 위에 불을 피워 덥힌 다음 반죽을 얹고 재를 덮는다(출 12:39, 삼상 28:24, 왕상 19:6). 2)구멍을 파고 불을 지펴 번철을 얹어 굽는다(레 2:5). 3)타분이라는 오븐 바깥에 불을 피워 안쪽의 돌을 달궈 그 위에 반죽을 얹어 굽는다. 4) 타누르라는 오븐의 밑에 불을 피워 내부 벽에 반죽을 붙여 굽는다(레 26:26). 식사에는 포크, 나이프, 스푼등이 사용되지 않았고 오직 오른 손으로만 먹었다.

03 베드로 고기

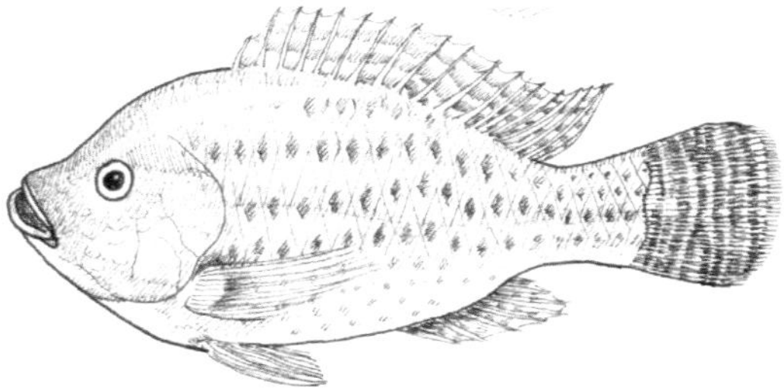

04 갈릴리 정어리

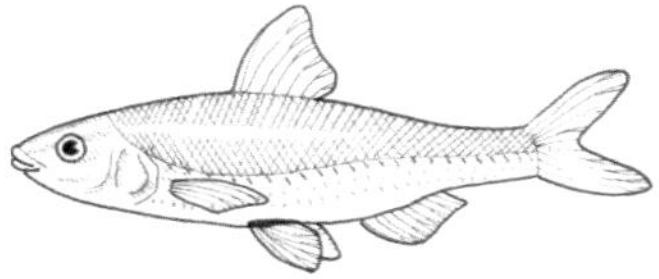

그리스도가 일으킨 음식 이적은 표적 논쟁으로 이어졌다. 사람들은 기적의 음식을 계속 달라고 했는데, 출애굽 시절 조상들이 매일 만나를 먹었기 때문이었다. 그리스도는 조상들이 하늘에서 내려온 만나를 먹었지만 모두 죽었음을 상기시켰다. 그와 대조적으로 하늘에서 내려온 생명의 빵인 자신을 먹는 사람은 영생을 얻을 것이라고 가르쳤다. 군중들은 그의 가르침의 숨은 뜻을 알아차리지 못하고 떠나버렸다.

20

혈루증 여인을 낫게 하시다

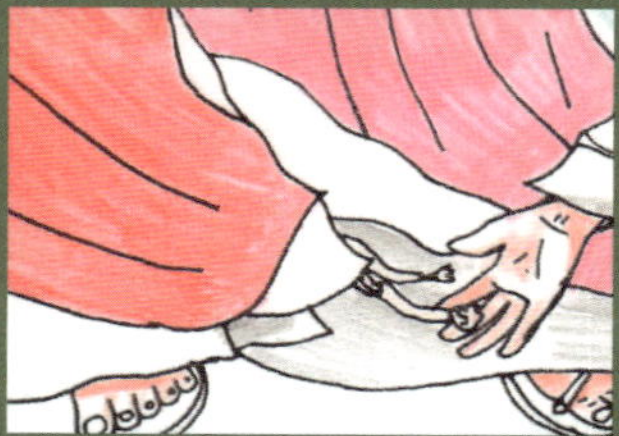

"이에 열두 해를 혈루증으로 앓는 중에 아무에게도 고침을 받지 못하던 여자가 예수의 뒤로 와서 그의 옷 가에 손을 대니 혈루증이 즉시 그쳤더라 .... 예수께서 이르시되 딸아 네 믿음이 너를 구원하였으니 평안히 가라 하시더라" **눅 8:43, 44, 48**

02 경건한 유대인 복장

혈루증 앓는 여인의 딜레마는 두 가지였다. 하나는 오래 된 불치 병이라는 것이고, 또 하나는 성전 출입이 불가하다는 것이었다. 몸에서 혈액이 유출되는 것은 의식상 불결한 상태여서 성전에 들어갈 수가 없었다. 그것은 하나님과의 관계 단절을 의미했다. 그러니까 그녀에게는 병고침과 하나님의 용납이라는 두 가지가 모두 필요했다. 예수 그리스도는 그녀가 필요로 하는 그 두 가지를 주었다. 그녀가 그리스도의 옷자락을 만질 때 병고침을 주었고, 굳이 그녀를 대중 앞에 드러내어 "네 믿음이 너를 구원했다"고 선언했던 것이다. 이로써 그녀는 군중들에게 자신을 숨기고 그리스도에게 접촉했던 과오를 용서받았다.

혈루증을 앓던 여인은 왜 그리스도의 옷 가장자리(크라스페돈)을 잡았던 것일까? 그것은 지금도 종교적 유대인 남자들의 모든 옷 단에 달려 있는 매듭(찌찌트)에서 해답을 찾을 수 있다. 모세는 이스라엘 자손이 거룩하게 살도록 옷단 귀퉁이에 술(매듭)을 만들고, 청색 끈을 그 귀퉁이의 술에

더하도록 명령했다(민 15:37-40). 예수 그리스도의 겉옷에도 술(찌찌트)이 있었을 것이며, 병든 여인은 거기에 신성한 능력이 깃들어 있다고 생각했을 것이다. 그녀는 감히 예수 그리스도께 접촉할 수 없었기 때문에, 옷단 술을 접촉점으로 삼았던 것이다. 그녀로서는 매우 사려깊고 현명한 선택이었다. 물론 그리스도는 평소 의식상 불결한 자와 직접적인 신체 접촉도 마다하지 않았다. 그는 불결에 오염되는 분이 아니라, 오염을 제거하는 분이었기 때문이다.

21

물 위를 걸으시다

"밤 사경에 예수께서 바다 위로 걸어서 제자들에게 오시니 ..... 예수께서 즉시 이르시되 안심하라. 나니 두려워하지 말라. 베드로가 대답하여 이르되 주여 만일 주님이시거든 나를 명하사 물 위로 오라 하소서 하니" **마 14:25, 27, 28**

01 갈릴리

그리스도가 물을 정복하는 자임을 보여주는 이야기이다. 그리스도는 베드로와 같은 범인을 물 위로 걷게 할 수 있고, 물에 빠졌을 때 건져올려 다시 걷게 할 수 있는 신성한 존재이다. 물은 그리스도와 그에게 속한 자를 삼킬 수 없다. 성경에서 바다와 강은 높은 파도와 강한 물살로 삶을 위협하는 존재로 묘사된다. 하나님은 성난 파도를 꾸짖어 잠잠하게 하며, 바다와 강을 쪼개어 길을 내시는 분이다. 그는 홍해를 가르셨으며, 요단 강을 마른 땅처럼 건

02 갈릴리 1세기 배

너가게 하셨다. “그는 바다를 꾸짖어 그것을 말리시며 모든 강을 말리시나니”(훔 1:4). 하나님의 종 엘리야는 요단 강을 쪼개고 건넜으며, 그의 옷을 물려받은 엘리사도 같은 방식으로 요단 강을 건넜다.

너가게 하셨다. “그는 바다를 꾸짖어 그것을 말리시며 모든 강을 말리시나니”(훔 1:4). 하나님의 종 엘리야는 요단 강을 쪼개고 건넜으며, 그의 옷을 물려받은 엘리사도 같은 방식으로 요단 강을 건넜다.

03 갈릴리 1세기 배 모형

그리스도가 자신을 가리켜 "나다(에고 에이미)"라고 한 말에는 주어와 동사만 있고 보어는 없다. 그런데 주어와 동사만 있는 '에고 에이미'는 하나님이 자신을 가리켜 부르는 이름인 '에흐예(스스로 있는 자)'이다. "하나님이 모세에게 이르시되 나는 스스로 있는 자(에흐예 아쉐르 에흐예)이니라"(출 3:14). 그리스도는 종종 자신을 '에고 에이미'라는 이름으로 부르시며 신성을 보여주셨다. "너희가 만일 내가 그(에고 에이미)인 줄 믿지 아니하면 너희 죄 가운데서 죽으리라"(요 8:24).

22

용모가 변화되시다

"엿새 후에 예수께서 베드로와 야고보와 요한을 데리시고 따로 높은 산에 올라가셨더니 그들 앞에서 변형되사 그 옷이 광채가 나며 세상에서 빨래하는 자가 그렇게 희게 할 수 없을 만큼 매우 희어졌더라. 이에 엘리야가 모세와 함께 그들에게 나타나 예수와 더불어 말하거늘 베드로가 예수께 고하되 랍비여 우리가 여기 있는 것이 좋사오니 우리가 초막 셋을 짓되 하나는 주를 위하여, 하나는 모세를 위하여, 하나는 엘리야를 위하여 하사이다 하니"

막 9:2-5

01 변화산으로 추정되는 헤르몬 산

그리스도의 용모가 변화된 산이 어디인지 정확히 알 수 없다. 널리 알려진 곳은 이스르엘 골짜기에 있는 다볼 산이다. 그런데 '엿새 후'라는 시간을 직전의 이야기 장소인 가이사랴 빌립보로부터 계산한다면, 남쪽으로 직선 거리 50km인 다볼 산보다 북쪽으로 15km 정도인 헤르몬 산일 수 있다. 만나는

02 변화산으로 알려지는 다볼 산

03 초막 9장 5절

마을마다 전도하며 천천히 이동했다면 하루에 3km 속도로 도착할 수 있는 곳이 헤르몬 산이기 때문이다. 헤르몬 산의 눈은 이듬 해 5월이 되어야 녹기 시작할 정도로 일년의 절반 이상 눈으로 덮여 있다. 헤르몬이란 이름이 '신성한 장소'라는 의미를 갖고 있고, 그리스도의 옷이 초현실적으로 희게 되었다는 이야기와 잘 어울린다.

베드로가 초막 셋을 짓자고 말한 것을 볼 때, 그리스도의 용모가 변화된 시기는 초막절 무렵이었던 것으로 보인다. 모세와 엘리야는 율법과 예언의 대표자들이다. 빌립이 나다나엘에게 예수를 그리스도로 소개하면서, “모세가 율법에 기록하였고 여러 선지자가 기록한 그이를 우리가 만났으니 요셉의 아들 나사렛 예수니라”고 말했다(요 1:45). 여기서 율법과 선지자의 글 즉, 구약 성경이 메시야(그리스도)에 대해 말하고

04 도심에 설치된 초막

있는 것임을 알게 된다. 모세와 엘리야가 나타난 것은 메시야 예언이 성취되고 있음을 보여주는 것이다. 누가복음을 보면 그들이 나타나서 "장차 예수께서 예루살렘에서 별세할 것을 말할새"라고 했다(눅 9:31). 여기서 '별세'라고 번역된 '엑소두스'는 이스라엘 백성이 가나안에 들어가기 위해 애굽에서 나오는(엑소두스) 것을 가리키는 말이다. 그리스도는 자기 백성을 구원하시고 하늘 나라로 떠나시기 위해 모세와 엘리야로 더불어 의논했던 것이다.

23

죽은 나사로를 살리시다

"이 말씀을 하시고 큰 소리로 나사로야 나오라 부르시니 죽은 자가 수족을 베로 동인 채로 나오는데 그 얼굴은 수건에 싸였더라 예수께서 이르시되 풀어 놓아 다니게 하라 하시니라"
요 11:43, 44

어쩌면 나사로를 죽음으로 몰고 간 질병은 폐렴이었을 지도 모른다. 나사로 이야기가 시작되는 수전절은 비바람 몰아치는 겨울이기 때문이다(요 10:22). 난방 장치가 따로 없던 1세기 유대에서 서민들에게 겨울나기는 생존 투쟁이었다. 나사로가 죽음과 힘겹게 싸우는 동안 자매들은 그리스도께 사람을 보내 오시기를 청했다. 그러나 그리스도는 오히려 그 병을 통해 하나님이 영광을 받으실 것이라며 이틀을 지체했다. 그 사이에 나사로는 죽어 매장되었고, 그리스도는 나흘 만에 도착했다.

수전절은 헬라 제국의 탄압으로 죽어 있던 유대 사회가 기적적으로 되살아난 것을 기념하는 명절이다. 그리스도가 수전절 기간에 죽은 나사로를 살린 것은, 그가 이스라엘에 참 생명을

01 나사로 무덤 표지판

02 나사로 무덤 계단

03 나사로 기념교회

가져오는 분임을 나타낸다. 나사로를 나흘 만에 일으킨 것은 유대인들의 민간 신앙과 관계 있을 지 모른다. 유대인들은 죽은 자의 영혼이 삼일 동안 시신 곁에 있다가 나흘 째에는 떠난다고 생각했다. 자신의 육체가 썩는 것을 보고 되살아날 희망을 포기한다는 것이다. 그러니까 그리스도는 가사 상태에 있던 나사로를 살린 것이 아니라 소망이 없던 상태의 나사로를 살리셨다. 무덤 문의 돌을 옮겨놓으라는 그리스도의 말에, 마르다가 “주여 죽은

04 나사로 마르다 마리아

지가 나흘이 되었으매 벌써 냄새가 나나이다"라고 대답했던 이유이다. 감람산 남동쪽 약 4km의 베다니에는 나사로의 무덤과 기념 교회가 있어서 순례자의 발길이 끊이지 않는다.

24

나귀 새끼를 타시다

"나귀와 나귀 새끼를 끌고 와서 자기들의 겉옷을 그 위에 얹으매 예수께서 그 위에 타시니 무리의 대다수는 그들의 겉옷을 길에 펴고 다른 이들은 나뭇가지를 베어 길에 펴고 앞에서 가고 뒤에서 따르는 무리가 소리 높여 이르되 호산나 다윗의 자손이여 찬송하리로다 주의 이름으로 오시는 이여 가장 높은 곳에서 호산나 하더라" **마 21:7, 8, 9**

01 어린 나귀

'호산나'라는 말은 '간구합니다. 구원해주십시오'라는 의미이다(시 118:25). '찬송하리로다 주의 이름으로 오시는 이여'는 '여호와의 이름으로 오는 자가 복이 있음이여(바룩 하바아 베쉠 아도나이)'이다(시 118:26). 이 말을 의역하면 '주(여호와)의 이름으로 환영(바룩 하바아)합니다'이다. 그러니까 유월절을 지키기 위해 예루살렘에 온 순례객들은 시 118편으로 예수 그리스도를 환영했다. 그들은 왕으로 오시는 다윗의 자손 그리스도가 구원자임을 고

02 종려 주일 예수 분장

백했던 것이다.

그리스도는 감람산 벳바게에서 나귀 새끼를 타고, 기드론 시내를 건너 황금 문 곧 메시야의 문을 통해 예루살렘에 들어왔다. 이날 사람들이 길에 종려나무(대추야자 나무) 가지를 깐 것을 기념하기 위해 지금도 종려주일로 지킨다. 예루살렘에 사는 기독교인들과 방문객들 모두 이 날 그리스도가 예루살렘에 들어오던 루트를 따라 행진을 한다. 예수 그리스도로 분장한 사람이 나귀 새끼를 타고 예루살렘에 들어오기도 한다. 하지만 오래 전 황금문은 회교도들이 막아버렸기 때문에 다른 문을 이용한다. 예루살렘 주민들은 황금 문 곧 메시야의 문은 메시야가 다시 올 때 열릴 것이라는 믿음을 공유한다. 유대교, 기독교, 이슬람교 모두 마찬가지이다. 복음서 저자들은 그리스도가 나귀 새끼를 탄 것을 스가랴 예언의 성취로 보았

03 종려주일 어린이 취주악대

04 종려주일 어린이 취주악대

05 종려주일 행진

다. "시온의 딸아 크게 기뻐할지어다 예루살렘의 딸아 즐거이 부를지어다 보라 네 왕이 네게 임하시나니 그는 공의로우시며 구원을 베푸시며 겸손(가난)하여서 나귀를 타시나니 나귀의 작은 것 곧 나귀 새끼니라"(슥 9:9)

25

성전에서 장사꾼을 몰아내시다

"예수께서 성전에 들어가사 성전 안에서 매매하는 모든 사람들을 내쫓으시며 돈 바꾸는 사람들의 상과 비둘기 파는 사람들의 의자를 엎으시고 그들에게 이르시되 기록된 바 내 집은 기도하는 집이라 일컬음을 받으리라 하였거늘 너희는 강도의 소굴을 만드는도다 하시니라" **마 21:12, 13**

그리스도가 성전에서 장사하는 사람들을 쫓아낸 일은 두 가지를 연상시킨다. 하나는 메시야 시대에 대한 스가랴의 예언이다. "그 날에는 만군의 여호와의 전에 가나안 사람이 다시 있지 아니하리라"(슥 14:21). 이 구절에서 '가나안 사람(크나나이)'은 '장사꾼'으로도 번역이 가능하다. 호세아서에서 '상인'으로 번역된 단어도 '가나안 사람(크나안)'이다(호 12:7). 이 구절에서 '상인'은 저울을 속이는 자라는 경멸적 의미로 사용되었다. 그러니까 그리스도의 행동은 스가랴 예언의 성취로 볼 수 있다. 또 한 가지는 그리스도가 성전을 '강도의 소굴'이라고 부른 것이다. '강도의 소굴'은 파괴되어야 마땅한 시설을 가리킨다. 그러니까 그리스도는 이 구절에서도 성전이 무너질 것을 예고하고 있는 것이다.

01 성전 남쪽 입구

일반적으로 그리스도가 장사꾼들을 쫓아내신 장소는 이방인의 뜰로 알려져 있다. 성전 남쪽 문을 통해 들어간 사람이 가장 먼저 도착하는 곳이다. 거기서부터 동쪽으로 유대인들만 들어갈 수 있는 여인의 뜰, 남자의 뜰, 제사장의 뜰이 있다. 이방인의 뜰과 유대인의 뜰 사이에는 안내 표지석이 있었다.『어떤 이방인이든지 이곳을 넘어오면 자신의 죽음에 책임을 져야 한다』그런데 미쉬나에 의하면 성전에 돈주머니조차 가지고 들어갈 수 없었다고 한다. 따라서 유대인 학자들은 이방인의 뜰에서 가축을 판매하는 것은 불가능했을 것으로 본다. 성전(히에론)은 성전 안팎의 건물 전체를 가리켰기 때문에, 서쪽에서 성

02 성전 모형 남쪽 입구

전으로 들어가는 경사로도 포함된다. 그곳은 성전 서쪽에 있던 시장과 자연스럽게 연결된다. 장사꾼들은 시장보다 목이 더 좋은 성전 경사로에서 영업행위를 했던 것으로 보인다.

26

향유가 부어지다

"마리아는 지극히 비싼 향유 곧 순전한 나드 한 근을 가져다가 예수의 발에 붓고 자기 머리털로 그의 발을 닦으니 향유 냄새가 집에 가득하더라 ...... 예수께서 이르시되 그를 가만 두어 나의 장례할 날을 위하여 그것을 간직하게 하라" **요 12:3, 7**

01 옥합(세계 기독교 박물관 사진 제공)

나드는 해발 3,000미터 이상의 히말라야 고산에 서식하는 나드 뿌리에서 추출한 향유이다. 한 근(1 리트라)은 326mg으로서 소주 1병보다 약간 적은 용량이다. 옥합은 수가공으로 만든 설화석고(alabaster) 병을 가리킨다. 옥합을 깨뜨렸다는 말은 향유 병 입구를 막아놓은 밀랍을 뜯어냈다는 의미이다. 본문에서 향유 한 병은 300일치 품삯에 해당하는 300 데나리온 상당의 고가품이었다. 워낙 휘발성이 강한 향유이기 때문에 다른 용기에 옮기면 향이 약해질 수 밖에 없었다. 마리아가 옥합을 열었을 때 온 집에 향이 가득했다는 말이 그것이다.

마리아는 향유를 예수의 발에 붓고 자기의 머리털로 닦았다. 중동 지방에서 여인이 머리털을 외부인에게 드러내는 것은 수치였고, 그것으로 손님의 발을 닦는다는 것은 상상할 수조차 없었다. 그만큼 그녀는 자신을 최대한 낮추었고, 그리스도를 최대한 높였다. 모두가 비난할 말을 찾고 있을 때, 그리스도는 그녀가 자신의 장례를 미리 준비했다며 칭찬했다. 마리아는 오빠 나사로의 소생을 통해 부활의 소망을 가지게 되었을 것이다. 그녀가 향유를 부은 것은 단순히

그리스도의 장례만 준비한 것이 아니라, 어쩌면 부활을 예비했다고 할 수 있다. 그리스도가 그녀의 행위가 복음의 한 부분으로 전파되어야 한다고 당부한 이유일 것이다. “내가 진실로 너희에게 이르노니 온 천하에 어디서든지 복음이 전파되는 곳에는 이 여자가 행한 일도 말하여 그를 기억하리라 하시니라”(막 14:9)

27

무화과나무를 꾸짖으시다

"이튿날 그들이 베다니에서 나왔을 때에 예수께서 시장하신 지라 멀리서 잎사귀 있는 한 무화과 나무를 보시고 혹 그 나무에 무엇이 있을까 하여 가셨더니 가서 보신즉 잎사귀 외에 아무 것도 없더라. 이는 무화과의 때가 아님이라. 예수께서 나무에게 말씀하여 이르시되 이제부터 영원토록 사람이 네게서 열매를 따먹지 못하리라 하시니 제자들이 듣더라" **막 11:12, 13, 14**

01 무화과나무

그리스도가 열매 없는 무화과나무를 꾸짖어 마르게 한 일은 얼핏 앞뒤가 맞지 않아 보인다. 본문에서 무화과의 때가 아니라고 했기 때문이다. 그렇다면 그리스도가 찾은 무화과는 무엇이었을까? 무화과나무에 열매가 맺히는 것은 빨라야 6월 정도이고, 그리스도가 무화과를 찾은 때는 무교절이 시작되는 3월 말에서 4월 초였다. 그러니까 무화과는 없고 잎사귀만 있었던 것이다. 그런데 무화과나무는 잎이 다 지고 추수가 끝나는 10월 이후에도 열매를 맺는다. 잎도 없는 가지에서 작은 열매들이 맺히는 것

02 이른 무화과(파게)

03 이른 무화과(파게)

이다. 이것을 '파게'라고 부른다. 파게는 한 겨울을 지나 이듬해 새 잎이 나온 이후까지 달려 있다. 그 파게는 춘궁기에 가난한 사람들의 허기를 달래주는 간식이다. 그리스도와 제자들은 베다니에서 아침을 거른 채 예루살렘에 들어왔고, 그리스도가 허기를 달래기 위해 파게를 찾은 것은 자연스러운 일이었다.

04 이른 무화과(파게)

파게가 열리지 않은 무화과나무를 꾸짖어 마르게 한 일은 자연을 이용한 행위예언이다. 파게가 열리지 않은 무화과나무는 제철에도 열매가 부실하다고 한다. 그리스도는 파게가 없는 나무를 꾸짖으므로써 회개의 열매가 없는 유대인에게 경종을 울렸다. 뿌리째 마른 무화과처럼 삶의 터전을 잃어버리게 될 것이라는 경고이다. 그리스도의 경고는 약 30년 후 로마 군대에 의해 현실이 되었다.

28

베드로의 발을 씻기시다

"시몬 베드로에게 이르시니 베드로가 이르되 주여 주께서 내 발을 씻으시나이까 .... 내가 주와 또는 선생이 되어 너희 발을 씻었으니 너희도 서로 발을 씻어주는 것이 옳으니라" **요 13:6, 14**

01 베드로의 발을 씻기시는 예수

발을 씻기는 것은 가장 천한 종이 할 일이었다. 세례자 요한이 자신을 그리스도의 신발(샌들) 드는 자로 묘사한 것은 발 씻기는 종이라는 의미이다. 기원전 2,500 년에 만들어진 이집트 나르메르 화장판에는 파라오의 신발과 물 주전자를 들고 있는 종이 기형적으로 작게 새겨져 있다. 그 종이 들고 있는 물건들은 그가 발씻기는 종임을 보여준다. 고대 이집트 미술의 특징은 '보이는 대로'가 아니라 '보여주고 싶은 대로'이다. 그러니까 파라오의 발 씻기는 종이 기형적으로 작게 묘사된 것은 그가 지극히 천한 종임을 나타낸다.

그리스도가 식사 자리에서 허리에 수건을 두르고 제자들의 발을 씻긴 것은 충격적인 사건이었다. 제자들에게 그리스도는 그런 일을 시도하면 안되는 분이었다. 베드로는 사태를 수습하기 위해 그리스도가 자신의 발을 씻기지 못하게 했다. 그리스도는 단호히 "내가 너를 씻어주지 아니하면 네가 나와 상관이 없느니라"(요 13:8)고 선언했다. 그리고 그리스도가 본을 보인 것처럼 그들도 서로 발을 씻어주라고 가르쳤다(요 13:14, 15). 오늘날 교회나 선교단체에서 '애찬'과 함께 널리 행해지는 '세족식'의 기원이다. 중요한 것은 행위나 의식이 아니라 낮은 자세로 섬기는 태도이다.

29

이를 행하여 나를 기념하라

"또 떡(빵)을 가져 감사 기도하시고 떼어 그들에게 주시며 이르시되 이것은 너희를 위하여 주는 내 몸이라 너희가 이를 행하여 나를 기념하라 하시고 저녁 먹은 후에 잔도 그와 같이 하여 이르시되 이 잔은 내 피로 세우는 새 언약이니 곧 너희를 위하여 붓는 것이라"
눅 22:19, 20

그리스도가 제자들과 함께 나눈 만찬이 유월절 식사였느냐 하는 것은 의문의 여지가 있다. 왜냐하면 유월절 식사가 금요일 저녁이었던 것과 달리 마지막 만찬은 목요일 저녁이었기 때문이다. 그리스도는 유월절 양을 잡는 금요일 저녁에 십자가에서 죽으셨다. 따라서 마지막 만찬의 의의는 유월절 식사가 아니라 성 만찬의 제정에 있다. 그리스도는 자신의 죽음을 상징하는 살과 피를 빵과 포도주로 기념하도록 명령했다.

마지막 만찬 자리에서 그리스도는 제자 중 한 명이 배신할 것을 예고했다. 베드로는 그리스도의 가슴에 기대어 식사하던 제자 요한에게 누구인지 알리도록 머릿짓을 했다. 누가 배신자인지 요한이 묻자 그리스도는 떡 한 조각을 받는 자라고 알려주었다(요 13:23-26). 사진에서 보는 것처럼 식사 자리는 전형적인 중동 지방의 말굽형으로 되어 있었을 것이다. 정면에서 보았을 때 왼쪽이 상석이기 때문에 그리스도는 상석에서 입구쪽 두 번째에 자리했을 것이다. 요한은 상석의 입구쪽 첫 번째, 가룟 유다는 입구 쪽 세 번째에 자리했던 것으로 보인다. 그러니까 두 제자는 그리스도를 사이에 두고 나란히 자리했을 것이다. 베드로는 정면에서 오른 쪽 식탁의 맨 안쪽 즉, 요한과 대각선으로 마주보는 자리에 있었던 것으로 보인다.

30

겟세마네에서 기도하시다

"이에 예수께서 제자들과 함께 겟세마네라 하는 곳에 이르러 제자들에게 이르시되 내가 저기 가서 기도할 동안에 너희는 여기 앉아 있으라 하시고"
마 26:36

겟세마네는 '기름 틀'을 가리키는 히브리어 '가트 쉐멘'에 대한 헬라어 음역이다. 겟세마네라는 이름은 거기에 기름 틀이 있었기 때문으로 생각되며, 그곳은 올리브 나무들이 심겨진 감람산의 일부였다. 십자가에서 운명하기 전 날 밤 그리스도는 이곳에서 "이 잔을 내게서 옮겨주십시오. 그러나 내 소원대로가 아니라 아버지의 뜻대로 하십시오"라는 기도를 세 번이나 올렸다. 얼마나 힘을 써서 기도했던지 땀이 땅에 떨어지는 핏방울 같이 되었다고 한다(눅 22:44). 이처럼 기름짜는 틀이라는 이름의 겟세마네는, 온 몸과 마음을 짜서 올려드린 그리스도의 기도와 잘 어울린다.

이곳에 세워진 기념 교회당을 만국교회(church of all nations)라고 부르는 이유는, 세계 12개 나라의 기부금으로 지어졌기 때문이며 12개의 둥근 지붕으로 되어 있다. 교회당 입구의 네 기둥 위에는 마태, 마가, 누가, 요한이 자신들이 쓴 복음서를 들고 있는 조각상이 올려져 있다. 교회당 중앙에서 시작되어 건물 밖으로 연결된 소위 '고난의 바위'는 그리스도가 고뇌에 찬 기도를 세 번이나 올린 장소로 알려진다. 건물보다 유명세를 타는 것은 수령 2,000년의 올리브 나무이다. 이 나무를 일명 '침묵의 증인'이라고 부르는 이유는 그리스도가 기도할 때부터 지금까지 살아있기 때문이다. 올리브 나무는 뿌리에서 올라온 새 가지가 모체를 감싸며 대를 이어나가는 것으로 유명하다.

31

칼을 가지는 자 칼로 망한다

"이에 시몬 베드로가 칼을 가졌는데 그것을 빼어 대제사장의 종을 쳐서 오른편 귀를 베어버리니 그 종의 이름은 말고라 예수께서 베드로더러 이르시되 칼을 칼집에 꽂으라 아버지께서 주신 잔을 내가 마시지 아니하겠느냐 하시니라" **요 18:10, 11**

"이에 예수께서 이르시되 네 칼을 도로 칼 집에 꽂으라 칼을 가지는 자는 다 칼로 망하느니라" **마 26:52**

01 고대 이스라의 칼들

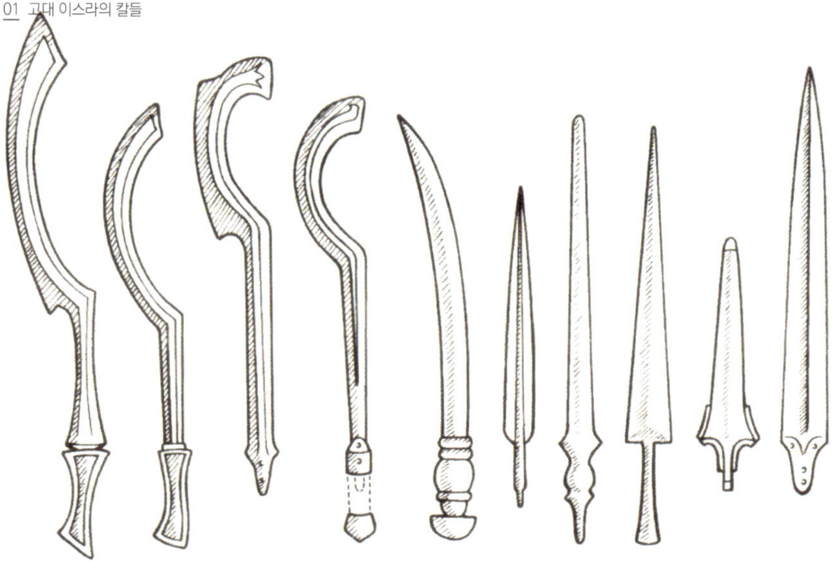

1세기 유대 사회는 몹시 불안정 했다. 강도들이 들끓었고, 단검으로 테러를 일삼는 광신도(식카리)들이 대낮에도 활개를 쳤다. 그날 밤 그리스도의 신변이 위협받는 상황에서 베드로에게 칼은 자위수단이었다. 그리스도를 체포하기 위해 무장한 성전 경비대(temple police)가 들이닥쳤고, 거기에 가룟

02 투탕카문의 단검

유다가 앞장을 섰다(눅 22:4; 요 18:3). 성전 경비대는 치안 활동이 성전 경내로 제한되었지만, 기드론 골짜기 너머 겟세마네까지 출동했다. 그런데 '그의 왕'이라는 이름의 '말고(말코)'는 그리스도 체포 작전의 지휘 책임자였으므로, 대제사장의 고위급 신하였을 것이다. 베드로가 그의 귀를 자른 것은 우연한 사고가 아니었을 것이다. 그가 성전에서 봉사할 수 없도록 고의적으로 귀를 잘랐을 수 있기 때문이다. 파르티아 군대가 하스몬 왕가의 마지막 대제사장 히르카누스 II의 귀를 잘라버린 것도 같은 이유였다.

그리스도는 말고의 귀를 도로 붙여주면서, 베드로에게 칼을 도로 칼집에 꽂게 했다. 그 이유에 대해서 마태복음에는 '칼을 가진 자는 다 칼로 망하기 때문'이라고 되어 있고, 요한복음에는 '아버지가 주신 잔을 마시기 위해서'라고 되어 있다. 그리스도가 두 문장을 모두 말했

을 수 있고, 모두 상황에 어울리는 설명이다. 앞의 문장은 베드로가 칼로 망하지 않도록, 뒤의 문장은 베드로가 그리스도의 고난을 가로막지 않도록 주의를 환기시킨다. 그리고 두 문장 모두 베드로의 미래와 관계가 있다. 전승에 의하면 베드로는 로마에서 십자가에 거꾸로 매달려 순교했다고 한다. 그에게 십자가의 고난이 주어졌을 때 맞서 싸우거나 도피하지 않았다. 그대신 그리스도가 겟세마네 동산에서 그날 밤 보여주었던 모범을 그대로 따랐다.

32

베드로가 부인하여 이르되

"베드로가 멀찍이 예수를 따라 대제사장의 집 뜰에까지 가서 그 결말을 보려고 안에 들어가 하인들과 함께 앉아 있더라 .... 베드로가 모든 사람 앞에서 부인하여 이르되 나는 네가 무슨 말을 하는지 알지 못하겠노라 하며"
마 26:58,70

01 가야바 궁전

02 가야바의 집으로 끌려오는 예수

그리스도를 체포한 일행들은 가야바의 집으로 끌고 갔다. 밤중에는 성전 문이 닫혀 누구도 들어갈 수 없기 때문에, 산헤드린 공회가 열리는 방에 데려갈 수 없었기 때문이다. 베드로가 예수님을 부인한 곳도 대제사장 가야바의 저택 마당이었다. 그리스도가 가야바 일파에게 심문 당하는 동안 베드로는 그 집 하인들과 함께 마당에서 불을 쬐고 있었다(마 26:57-58; 요 18:18). 베드로는 겁에 질려 세 번이나 예수 그리스도를 부인했으며, 사실이 아닐 경우 저주를 받겠다는 맹세까지 했다(막 14:71). 가야바의 집은 기드론 골짜기와 연결된 시온 산 자락에 있었다. 지금은 그곳에 '닭이 울다'는 뜻의 라틴어 '갈리칸투' 교회당이 서있다. 이 교회를 베드로 통곡 교회라고도 부른다. 베드로가 닭 울음 소리를 듣고 통곡했던 것을 기념하기 위해 교회당 꼭대기에 수탉 모양의 조형물이

03 가야바의 집 예수님 감옥

설치되어 있다. 교회당 마당은 그리스도가 끌려온 경로인 기드론 골짜기와 연결되어 있고, 지하의 고대 감옥 시설은 그리스도가 최초 그곳에 감금되었다고 하여 순례자들의 발길이 끊이지 않는다. 가야바는 본디오 빌라도의 직전 총독이었던 발레리우스 그라티우스에 의해 기원후 18년에 대제사장으로 임명되었다. 그는 기원후 6-15년까지 대제사장으로 있던 안나스의 사위가 되면서 권력의 정점에 올랐지만(요 18:13), 시리아 총독 비텔리우스가 빌라도를 면직하던 기원후 36년 함께 면직당했다. 권모술수에 능했던 그는 안나스와 함께 무소불위의 권력을 누렸으며, 사도들을 박해하는 데도 앞장섰었다(행 4:6-7). 그들의 횡포가 어찌나 심했던지, 유대인들로부터 "하난(안나스) 가문 때문에 내게 화가 있도다. 그들의 중상모략 때문에 내게 화가 있도다(바벨론 탈무드, 페사힘 57)"라는 원성을 들을 정도였다.

04 베드로 부인 동상

1990년의 마지막 날 예루살렘 남동쪽 탈피옷 인근 평화의 숲 공사장 지하에서 납골함 열 두 개가 발견되었다. 그 중 눈에 띄는 하나에는 화려한 문양과 함께 '가야바의 아들 예호셰프(예호셰프 바르 카야파)'라는 이름이 새겨져 있었다. 가야바는 성이고 예호셰프는 이름이다. 이스라엘 유물청은 이곳이 가야바의 가족 무덤이며, 6번 유골함의 주인이 안나스의 사위였던 대제사장 가야바의 것으로 판단했다. 그의 유골함은 박물관으로 보내졌고, 시신은 다시 가족 묘지에 재 매장되었다.

05 베드로 통곡 교회

33

빌라도에게 고난받으시다

"그들이 소리 지르되 없이 하소서 없이 하소서 그를 십자가에 못 박게 하소서. 빌라도가 이르되 내가 너희 왕을 십자가에 못 박으랴. 대제사장들이 대답하되 가이사 외에는 우리에게 왕이 없나이다 하니. 이에 예수를 십자가에 못 박도록 그들에게 넘겨주니라"

요 19:15, 16

빌라도는 로마 황제 티베리우스(14-37년)가 유대 통치자로 임명해서 26-36년에 활동했던 군인이다. 그가 실제 인물이었음은 1961년 고대 가이사랴 극장 근처에서 발견된 비문으로 입증된다. 그 비문에는 "신성한 티베리우스를 위해 폰티우스 필라투스 유대의 사령관이"라고 적혀있었다. 그리고 빌라도가 29년, 30년, 31년에 주조한 동전들이 차례로 예루살렘에서 발견되었다. 1961년에 헤로디온에서 발견되었다가 2018년에 해독된 반지에도 그의 이름이 새겨져 있다. 직업 군인 가문 출신이었던 그는 매사를 군사적으로 해결하려 했기 때문에 잔인하기로 악명이 높았다. 그의 호전성에 대해서는 누가복음 13장과 요세푸스의 글에 잘 나와있다.

01 빌라도가 묵었던 곳으로 추정되는 헤롯 왕궁 모형

02 안토니우스 요새 모형

그리스도에 대한 빌라도 재판의 최대 모순은 판결 없이 형을 집행한 것이다. 로마식 재판에서 무죄 판결은 자유방면으로 이어지고, 유죄 판결은 죄목과 형량을 선고하여 집행으로 이어진다. 놀랍게도 그는 처음에 그리스도에게 무죄를 선고하려는 듯 했으나, 대제사장들이 황제에 대한 반역 운운하는 바람에 판결을 내리지 못했다. 그러다가 유월절 죄수 한 명을 방면하는 관습으로 대

03 빌라도가 이 사람을 보라(에케 호모)고 말했다는 장소

제사장 일파와 협상을 시도했다. 결국 그는 재판으로 시작해서 협상으로 끝을 맺었으며, 유죄 판결이 아닌 협상의 결과로 그리스도가 십자가에 못 박히게 했다. 그리스도가 십자가 형에 처해진 것이 판결의 결과가 아니라 군중의 선택에 의한 것이었음을 보여주는 단적인 예는, 그가 군중 앞에서 손을 씻으며 자신이 그의 죽음에 무관함을 애써 증명하려 한 데서 찾을 수 있다(마 27:24).

34

십자가를 지고 쓰러지시다

"나가다가 시몬이란 구레네 사람을 만나매 그에게 예수의 십자가를 억지로 지워 가게하였더라" **마 27:32**

01 쓰러지신 그리스도

그리스도가 십자가를 지고 걸어간 길을 비아 돌로로사(슬픔의 길)이라고 하는데, 빌라도의 법정 자리에서부터 그리스가 장사된 무덤까지 전체 14개의 처소로 되어있다. 전승에 의하면 그리스도는 제 3처소에 이르렀을 때 십자가를 진 채 쓰러졌다. 그리스도가 채찍을 맞은 제 2처소에서 시작된 내리막 길이 왼쪽으로 꺾어지는 지점이다. 겟세마네에서 사력을 다한 기도, 가야바의 밤샘 심문, 오전 내내 이어진 빌라도의 심문, 군인들의 폭행 때문에 그리스도는 이미 십자가를 질 체력이 남아 있지 않았을 것이다. 양팔이 목 봉에 묶인 채 쓰러질 때, 갈비뼈가 손상되면서 폐에 치명상을 입혔을 것으로 추정된다. 제 3처소의 기념교회당 앞 바닥 돌은 1세기 도로 포장에 사용되었던 것이다. 그리스도는 제 5처소에 이르렀을 때 또 한 번 쓰러진 것으로 보이는데, 여기서부터 골고다 언덕 오르막이 시작된다. 로마 군인들은 더 이상 그리스도가 십자가를 질 힘이 남아 있지 않음을 알고, 구레네에서 유월절을 지키러 왔다가 마침 그곳을 지나던 시몬이 지게

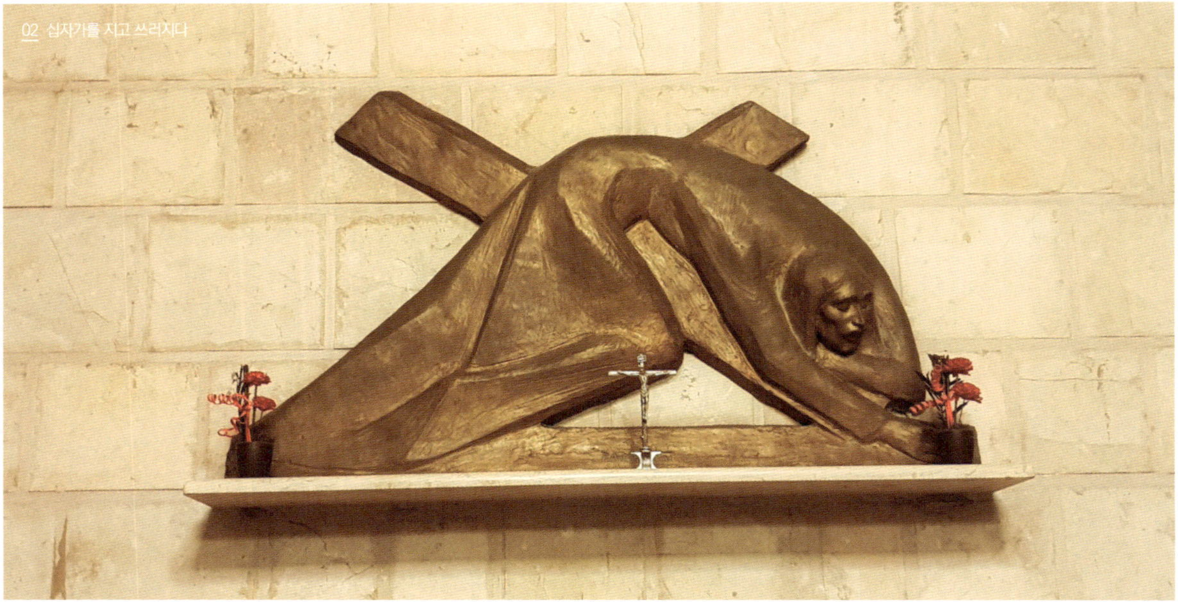

02 십자가를 지고 쓰러지다

했다. 유대인들은 로마 시민이 아니었기 때문에 군복무가 면제되는 대신 부역의 의무가 있었다. 아마도 구레네 시몬은 초창기 교회의 지도자 가운데 한 사람이었을 것이다. 그가 그리스도 대신 십자가를 진 이야기가 복음서에 수록된 것은 그가 받은 축복이 그리스도를 위한 고난의 보상이었음을 보여주기 위한 것이다.

35

십자가에 못 박히시다

"해골이라 하는 곳에 이르러 거기서 예수를 십자가에 못 박고 두 행악자도 그렇게 하니 하나는 우편에, 하나는 좌편에 있더라" **눅 23:33**

"빌라도가 패를 써서 십자가 위에 붙이니 나사렛 예수 유대인의 왕이라 기록되었더라. 예수께서 못 박히신 곳이 성에서 가까운 고로 많은 유대인이 이 패를 읽는데 히브리와 로마와 헬라 말로 기록되었더라" **요 19:19, 20**

해골이라는 곳은 히브리어로 골고다, 라틴어로는 갈보리이다. 십자가에 못 박기 전 그리스도의 옷을 벗겼다는 제 10처소, 마리아 앞에서 십자가에 못 박힌 제 11처소, 십자가에서 운명한 제 12처소, 십자가에서 내려진 후 성유를 부은 제 13처소, 아리마대 요셉의 새 무덤에 장사지낸 제 14처소가 성묘 교회라는 한 건물에 속해 있다. 십자가에서 운명한 장소는 당일 지진 때 터진 바위가 보존되어 있어 손으로 만져볼 수 있다. 원래 골고다는 서쪽 성벽 밖에 있었지만 1538년 슐레이만 대제 때 성벽 보수 공사 중 설계 실수로 성 안에 위치하게 되었다. 히브리서 저자는 그리스도가 성문 밖에서 십자가에 못 박힌 사건을 속죄 제물을 성문 밖에서 태우는 의식의 완성으로 보았다(히 13:11-13).

01 성묘교회

히브리어: יֵשׁוּעַ הַנָּצְרִי מֶלֶךְ הַיְּהוּדִים
헬라어: *Ἰησοῦς ὁ Ναζωραῖος ὁ βασιλεὺς τῶν Ἰουδαίων.*
라틴어: IESVS NAZARENVS REX IVDAEORVM

02 그리스도의 시신에 기름 부은 곳

십자가의 형태는 X, T, + 등 다양했으며, 처형 절차 또한 일정하지 않았다. 처형이 시작되기 전 먼저 채찍질과 구타가 가해졌다. 채찍질은 사형수의 체력을 약화시켜 숨이 빨리 끊어지게 해주는 선물이기도 했다. 십자가에 달린 사형수는 보통 3일째까지 죽지 않고 고통에 시달렸기 때문이다. 사형수의 엉덩이 부분에 받침대를 만들어 놓으면 죽는 시간이 더 길어졌다. 채찍질을 당한 사형수는 형틀을 매고 형장으로 이동했다. 형장에는 이미 세로 형태의 기둥이 세워져 있었고, 직접 매고 온 가로 기둥을 포개어 십자가를 만들었다. 사형수는 벌거벗겨져야 했기 때문에, 그의 옷은 집행인들의 몫이 되었다. 사형수는 양팔을 벌린 채 손목에 못 박혔으며, 무릎을 구부린 자세로 양 발이 복사뼈에 못 박혔다. 십자가 꼭대기에는 사형수의 죄목이 적힌 팻말을 붙였다. 십자가에 못 박힌 죄수는 고정된 자세 때문에 숨을 제대로 쉴 수 없었다. 숨을 쉬려고 몸을 일으킬 때마다 체중이

03 지진으로 갈라진 골고다 언덕의 바위

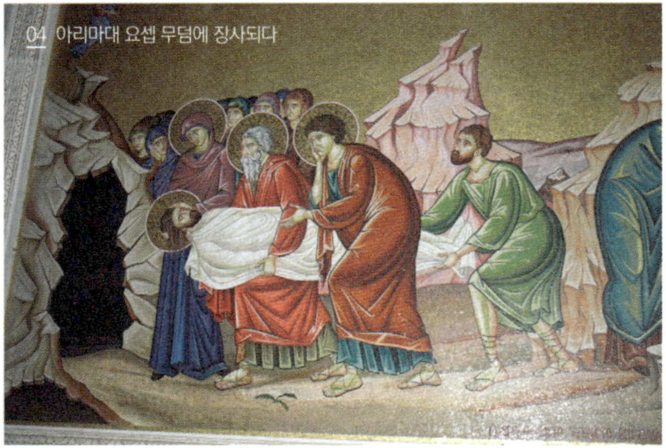

04 아리마대 요셉 무덤에 장사되다

복사뼈에 실려 끔찍한 고통을 겪었다. 결국 사형수는 고열과 탈수와 저 혈당에 시달리며 서서히 죽게 된다. 그리스도는 십자가를 지고 쓰러지면서 폐를 다쳤을 것이기 때문에 더욱 힘들었을 것이다. 십자가에 못 박힌 사형수에게도 유언을 남길 권리는 인정되었다. 그리스도가 요한과 마리아에게 십자가 위에서 유언을 남길 수 있었던 이유이다.

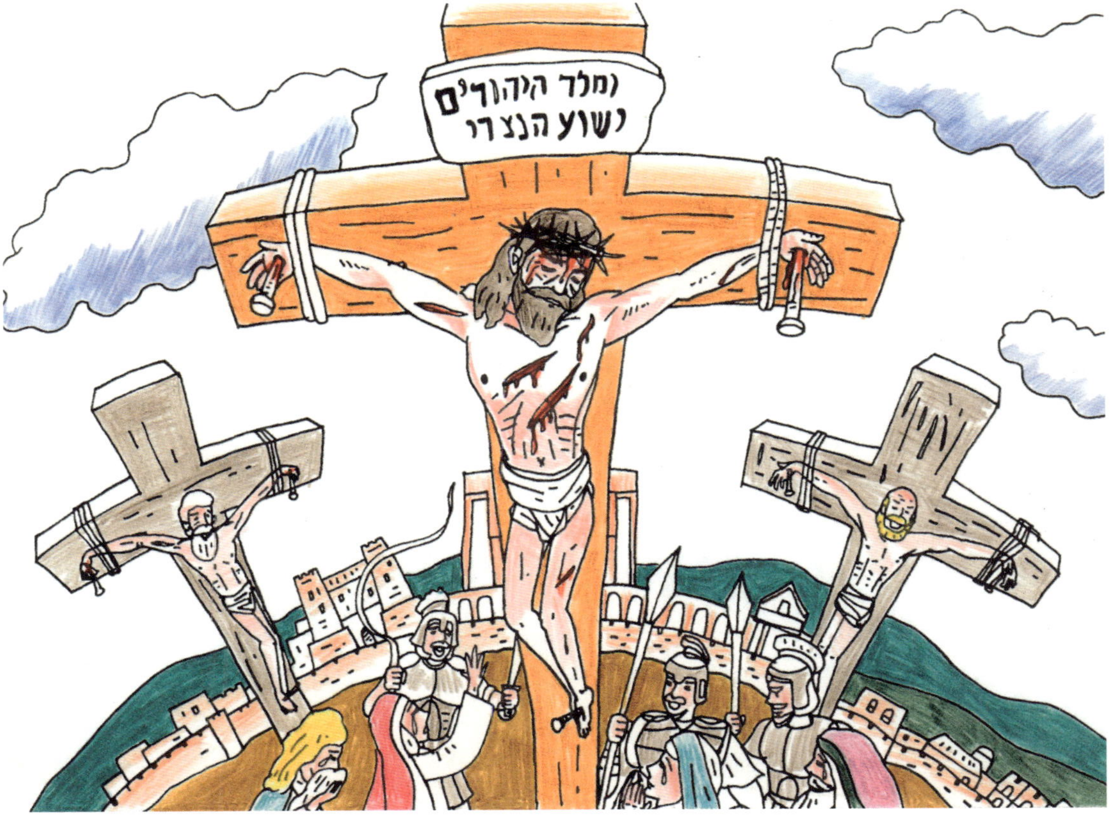
ומלך היהודים
ישוע הנצרי

36

어찌하여 나를 버리십니까

"제 구시에 예수께서 크게 소리 지르시되 엘리 엘리 라마 사박다니 하시니 이를 번역하면 나의 하나님, 나의 하나님 어찌하여 나를 버리셨나이까 하는 뜻이라" **막 15:34**

그리스도는 십자가의 고통속에서 시 22편을 암송했던 것으로 보인다. 제 구시는 요즘 시간 오후 세 시를 가리킨다. 시 22편을 읽어보면 그리스도가 십자가 위에서 느꼈을 고통, 모멸감, 성취감 등을 알 수 있다.

> "내 하나님이여 내 하나님이여 어찌 나를 버리셨나이까 어찌 나를 멀리하여 돕지 아니하시오며 내 신음 소리를 듣지 아니하시나이까"시 22:1, 마 27:46
>
> "나를 보는 자는 다 나를 비웃으며 입술을 비쭉거리고 머리를 흔들며 말하되 그가 여호와께 의탁하니 구원하실 걸, 그를 기뻐하시니 건지실 걸 하나이다"시 22:7-8, 마 27:39-43)
>
> "내 힘이 말라 질그릇 조각 같고 내 혀가 입천장에 붙었나이다"(시 22:15, 요 19:28)"
>
> "개들이 나를 에워쌌으며 악한 무리가 나를 둘러 내 수족을 찔렀나이다"(시 22:16, 눅 23:33)
>
> "내 겉옷을 나누며 속옷을 제비뽑나이다"(시 22:18, 요 19:23)
>
> "겸손한 자는 먹고 배부를 것이며 여호와를 찾는 자는 그를 찬송할 것이라 너희 마음은 영원히 살지어다"(시 22:26, 요 19:30)

유대인의 문헌에는 극형에 처해지는 순간에도 의인들은 시편을 낭송하며 기도했다고 한다. 그가 어떻게 살아왔는지가 마지막 모습에서 드러나게 되는 것이다. 그것을 누구보다 잘 알았던 사람이 십자가형을 집행했던 백부장이었다. 그는 그리스도가 마지막으로 하나님께 기도한 다음 숨을 거두는 것을 보았다. 그는 그리스도의 죽음 직후 하나님께 영광을 돌려 "이 사람은 정녕 의인이었도다"라고 고백했다(눅 23:46, 47).

37

피와 물이 나오더라

"예수께 이르러서는 이미 죽으신 것을 보고 다리를 꺾지 아니하고 그 중 한 군인이 창으로 옆구리를 찌르니 피와 물이 나오더라" **요 19:33, 34**

십자가에 달린 사형수는 보통 하루 이상 살아서 고통을 받는다. 그런데 모세의 율법에 의하면 죽여서 나무에 매단 시신은 저녁에 내려서 치워야 한다. 나무에 달린 자는 저주 받은 자이기 때문에 땅을 더럽히지 않기 위해서이다(신 21:23). 더구나 그리스도가 십자가에 못 박힌 날은 유월절이 시작되는 때였으므로, 명절을 모독하지 않도록 유대인들은 빌라도에게 시신을 내려달라고 요청했다(요 19:31). 아직 숨이 끊어졌다고 볼 수 없었기 때문에, 군인들은 사형수들의 다리를 꺾어 숨을 끊으려 했다. 그런데 그리스도에게 온 군인들은 그가 이미 죽었음을 보았다. 그래서 죽음을 확인하기 위해 옆구리를 창으로 찔렀던 것이다. 그의 옆구리에서 피와 물이 따로 나온 것은, 십자가를 지고 쓰러질 때 갈비뼈에 폐가 찔려 내출혈이 있었기 때문인 것으로 보인다.

그리스도가 나무에 달린 것과 뼈가 꺾이지 않은 것은 그의 메시야 정체성을 확인하는데 결정적이다. 바울은 그리스도의 십자가를 "그리스도께서 우리를 위하여 저주를 받은 바 되사 율법의 저

01 도살된 유월절 양들

02 사마리아 유월절 양들

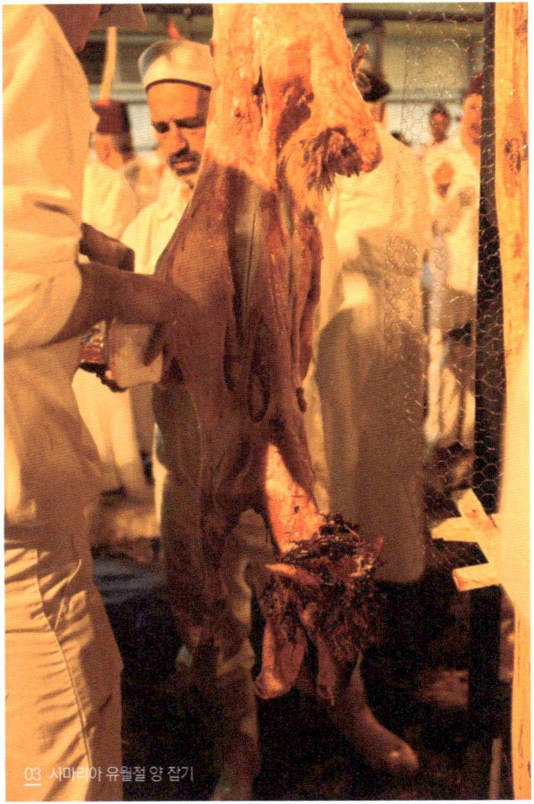
03 사마리아 유월절 양 잡기

주에서 우리를 속량하셨으니 기록된 바 나무에 달린 자마다 저주 아래에 있는 자라 하였음이라"(갈 3:13)라고 설명했다. 베드로 또한 그리스도가 나무에 달려 우리를 죄에서 구원했다고 가르쳤다(벧전 2:14). 그리스도의 뼈가 꺾이지 않은 것 또한 참 메시야 되심의 증거가 된다. "이 일이 일어난 것은 그 뼈가 하나도 꺾이지 아니하리라 한 성경을 응하게 하려 함이라"(요 19:36; 시 34:20). 그리스도는 유월절 양으로서 우리에게 자신의 생명을 주셨는데(고전 5:7), 유월절 양은 뼈를 꺾지 않기 때문이다(출 12:46).

38

주 예수의 시체가 보이지 않더라

"안식 후 첫날 새벽에 이 여자들이 그 준비한 향품을 가지고 무덤에 가서 돌이 무덤에서 굴려 옮겨진 것을 보고 들어가니 주 예수의 시체가 보이지 아니하더라. 이로 인하여 근심할 때에 문득 찬란한 옷을 입은 두 사람이 곁에 섰는지라. 여자들이 두려워 얼굴을 땅에 대니 두 사람이 이르되 어찌하여 살아 있는 자를 죽은 자 가운데서 찾느냐" **눅 24:1-5**

01 1세기 동굴 무덤

골고다 언덕과 빈 무덤이 함께 있는 교회당을 전통적으로 '성묘교회'라고 부르지만, 동방교회에서는 '주님의 부활 교회'라고 부른다. 이 교회당은 처음에 콘스탄티누스의 어머니 헬레나 황후에 의해 지어졌다. 그리스도의 죽음과 부활 이후 300년이 지난 시점에서 골고다와 빈 무덤 자리를 쉽게 찾을 수 있었던 것은, 역설적으로 그곳에 비너스(아프로디테) 신전이 세워져 있었기 때문이다. 135년 바르 코크바 항쟁이 진압된 후 하드리아누스 황제는 유대인과 기독교인을 모두 미워했다. 그래서 예루살렘의 이름도 '아엘리아 카피톨리나'로 바꾸고, 유대인들을 해외로 추방시키고, 기독교의 성지인 골

02 성묘교회 지하동굴 무덤

고다와 빈 무덤 자리에 로마 여신의 신전을 세웠던 것이다. 그런데 이 교회당이 무덤 자리에 세워졌다는 증거는 지하실에 있는 몇 개의 1세기 무덤 동굴들로 증명이 된다.

그리스도의 무덤이 비어있는 것을 최초로 목격한 사람들은 여인들이었다. 그들은 안식일이 끝나자 마자 시신에 향을 바르기 위해 무덤을 찾아왔다. 무덤으로 가면서 입구의 돌을 어떻게 치울 것인가 고민했지만, 이미 돌이 옮겨져 있었다. 여인들은 무덤에 그리스도의 시신이 없는 것을 보고 놀라며 근심했다. 그때 천사 둘이 나타나 그리스도가 부활하셨음을 알려주었다. 무덤이 비어있었기 때문에 유대인의 관습인 묘소 참배는 시작되지 않았다. 만약 그리스도의 시신이 그곳에 있었다면, 지금까지도 묘소 참배가 끊어지지 않았을 것이다. 제자들은 그리스도의 시신이 안전한 곳에 모셔졌기 때문에 옮길 이유가 없었다. 빈 무덤의 목격자들이 여인들이라는 사실도

꽤나 충격적이다. 당시에 여인들의 증언은 공적으로 채택되지 않았기 때문이다. 4 복음서가 모두 빈 무덤의 최초 목격자를 여인들로 증언하는 것은 처음부터 부활을 믿게 하기 위한 의도가 없었음을 말해준다. 만약 부활을 믿게 하기 위해 만든 이야기라면 결코 여인들의 목격담으로 시작하지 않았을 것이기 때문이다.

39

네 손을 내 옆구리에 넣어보라

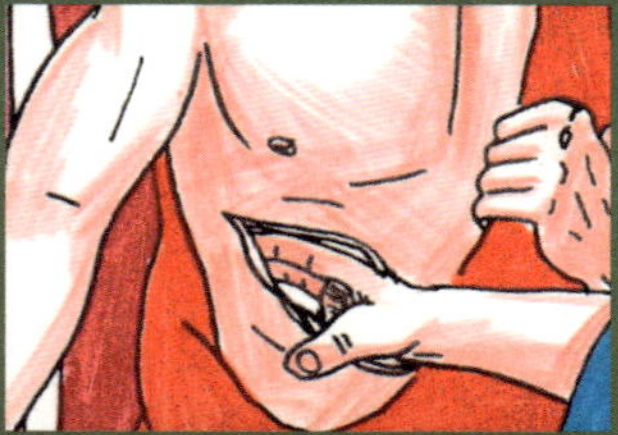

"도마에게 이르시되 네 손가락을 이리 내밀어 내 손을 보고 네 손을 내밀어 내 옆구리에 넣어보라 그리하여 믿음 없는 자가 되지 말고 믿는 자가 되라. 도마가 대답하여 이르되 나의 주님이시요 나의 하나님이시니이다"
요 20:27, 28

그리스도가 부활 이후 처음 제자들에게 나타났을 때 도마는 없었다. 다른 제자들이 그리스도를 보았다고 했을 때, 그는 "내가 그의 손의 못 자국을 보며 내 손가락을 그 못 자국에 넣으며 내 손을 그 옆구리에 넣어 보지 않고는 믿지 않겠다"라고 했다(요 20:25). 그때로부터 8일이 지나서 그리스도가 다시 나타났다. 문들이 닫혔고 도마가 다른 제자들과 함께 있을 때였다. 그리스도는 "너희에게 평강이 있을지어다(샬롬 알레이켐)"라고 인사했다(요 20:26). 그리고 도마에게 자신의 상흔을 확인시키주면서 "믿지 않는 자가 되지 말고 믿는 자가 되어라"고 용기를 주었다. 도마는 그리스도에게 '나의 주님, 나의 하나님'이라는 신앙고백을 했다. 그의 신앙고백은 "주는 그리스도시요, 살아계신 하나님의 아들"이라고 했던 베드로의 것과 맞먹는다.

도마는 실증주의자이다. 그는 그리스도의 부활을 받아들이기 전에 먼저 시각과 촉각으로 그리스도의 상흔을 확인하기 원했다. 중요한 것은 그리스도가 그의 실증주의적 태도를 인정하고 정죄하지 않았다는 것이다. 그의 건설적 의심을 존중해준 것이다. 많은 사람들은 도마를 '의심하는 제자'로 폄하한다. 그리스도가 "믿음 없는 자가 되지 말고 믿는 자가 되어라"고 했고, "보지 못하고 믿는 자들은 복되도다"라고 말했기 때문이다. 그러나 그리스도가 첫 번째로 한 말은 실증 과정을 통해 믿음에 이르도록 격려한 것이다. 그리고 "복이 있도다! 보지 않았지만 믿는 자들이여"라고 한 말은, 후일 사도들의 증언을 통해 믿게 되는 모든 자들을 칭찬한 것이다. 실증주의자들은 의심이라는 내면화 과정을 통해 믿음을 받아들인다. 그들의 성실한 의심을 정죄하면 안된다. 의심을 정죄하는 곳에 반지성주의가 판을 치고, 이단이 뿌리내리는 토양이 만들어진다.

40

다시 오시리라

"이 말씀을 마치시고 그들이 보는데 올려져 가시니 구름이 그를 가리어 보이지 않게 하더라. 올라가실 때에 제자들이 자세히 하늘을 쳐다보고 있는데 흰 옷 입은 두 사람이 그들 곁에 서서 이르되 갈릴리 사람들아 어찌하여 서서 하늘을 쳐다보느냐 너희 가운데서 하늘로 올려지신 이 예수는 하늘로 가심을 본 그대로 오시리라 하였느니라"

행 1:9-11

01 승천 교회당

그리스도는 부활 이후 40일 동안 사람들에게 모습을 드러냈다. 단순히 보여진 것이 아니라 제자들과 여러 번 식사도 하고, 베드로가 순교할 것은 예언하기도 했다. 아마도 가장 많은 사람들 앞에 모습을 드러낸 사건이 그의 승천일 것이다. 바울이 부활 이후 그리스도의 나타남에 대해 이야기 할 때 "오백 여 형제에게 일시에 보이셨나니"라고 한 것은 승천 사건의 목격자들을 가리켰을 것이다. 전승에 의하면 그리스도는 감람산에서 승천한 것으로 알려진다. 승천 이야기에 이어지는 단락이 "제자들이 감람원이라 하는 산으로부터 예루살렘에 돌아오니 이 산은 예루살렘에서 가까워 안식일에 가기 알맞은 길이라"로 시작하기 때문이다

02 메시아의 날, 기다리는 감람산 묘지

(행 1:12). 안식일에 가기 알맞은 길은 2000 규빗으로 약 1km를 가리킨다. 만약 이 구절이 그리스도의 승천 직후 제자들의 행적을 기록한 것이라면, 그리스도는 안식일에 감람산에서 승천했다는 의미가 된다. 감람산에는 그리스도가 승천한 자리로 알려진 곳에 자그마한 예배당이 세워져 있다. 감람산 주변에는 메시야가 감람산으로 오실 것이라는 전승 때문에 유대인의 무덤이 빼곡히 들어차있다. 회교도의 무덤은 황금 문 주변에, 일부 기독교인의 무덤은 힌놈의 골짜기에 있다.

구름이 그를 가리워 보이지 않게 했다는 말은 그의 신성이 충만히 드러났음을 의미한다. 성경에서 구름은 하나님의 임재를 상징적으로 보여준다. 여호와가 시내 산에 내려오셨을 때나, 모세의 성막에 내려오셨을 때, 솔로몬의 낙성식 때, 그리

03 메시아가 오면 열린다는 황금문

스도의 용모가 변화되었을 때 구름이 덮였다. 하나님의 영광을 육안으로 보지 못하게 하기 위해서였다. 제자들 곁에 있던 흰 옷 입은 두 천사는 그가 다시 오실 것을 일러주었다. 그리스도는 십자가에서 죽으셨고, 부활하셨고, 승천하신 분으로 믿는 것은 충분하지 않다. 그는 구름을 타고 영광 중에 다시 오실 것이다(계 1:7).

예수님의 위대한 생애 가이드북

초판 1쇄 발행 2022년 12월 15일

지은이 | 글 사진 김인철   그림 이준천

발행인 | 이준천

기획 · 편집 | 드림스카이

표지디자인| 드림스카이 디자인팀

본문디자인 | 드림스카이 디자인팀

교정 및 감수 | 김인철, 이준천

펴낸 곳 | 드림스카이

출판등록 | 2015년 8월 5일

전화 | 070-8274-8630

홈페이지 | www.dreamsky33.com

이메일 | skyjoon1000@naver.com

인스타그램 | www.instagram.com/dreamsky33_official